［意］
毛拉·甘奇塔诺

著

张亦非

译

服美役

美是如何
奴役和消费
女性的

Specchio delle mie brame. La prigione della bellezza

北京联合出版公司
Beijing United Publishing Co.,Ltd.

引言

小时候，我既不想结婚也不想生孩子，只想当个丑姑娘，以后变成哲学家。当个丑姑娘的想法是在读了一个故事以后成形的，那个故事来自一本名叫《贝洛恰与布鲁蒂娜》[1]的校园文选，作者是勒普兰斯·德博蒙夫人。故事开头是这样的："从前有位绅士，他有一对双胞胎女儿，还给她们起了恰当的名字，大女儿很美，所以叫贝洛恰[2]；小女儿不好看，所以叫布鲁蒂娜[3]。"

这对双胞胎在12岁以前一直埋头学习，后来她们的母亲犯了个错，把她们带进了社交场合：两个人都开始对舞蹈、宴会、服饰、发型产生兴趣。到15岁的时候，贝洛恰"已经变得相当美丽，所有看见她的人都赞不绝口。母亲把她带到社交场合的时候，所有骑士都向她大献殷勤：这个人赞美她的嘴，那个人赞美她的眼睛；有人赞美她的身材，也有人赞美她那漂亮的小手。然而，种种赞美都落在贝洛恰身上，人们甚至没有注意到布鲁蒂娜的存在"。

显而易见，布鲁蒂娜非常绝望，为此她不再出门。有一天她独

---

[1] Madame Leprince de Beaumont, *Belloccia e Bruttina*, in *Fiabe francesi della corte del Re Sole e del secolo XVIII*, Einaudi, Torino 1967.
[2] 原文"Belloccia"，意为"漂亮的"。——译注
[3] 原文"Bruttina"，意为"有点儿丑的"。——译注

自在家，不知道该做什么，于是去了父亲的书房。她在书房里随便拿起一本书翻开，读到一封信。这封信仿佛是为她而写，信中说，绝大多数美丽的女人都蠢得可怕，这不是因为她们缺少智慧，而是因为她们忽视了培养智慧。

所有女人都虚荣，都渴望被人喜欢：丑女人很清楚，她不会因为脸被人喜欢，所以她想方设法用智慧让自己更显眼；她会认真学习，最后变成有趣的人，哪怕外形并不出众。而一个美丽的女人只要公开展示自己就能取悦他人，因此她的虚荣心得到了满足。由于从不反思，她不会想到美貌只能维持一段时间；另一方面，她的注意力集中在服装上，还要留意不错过任何一场宴会，以便被人看到并得到恭维，这样一来，她就没有时间去培养自己的心智，哪怕她感觉到有必要去培养。于是，她变成了一个愚蠢的人，完全被蠢事、无用的东西、各种演出俘获，然后在这种状态下活到30岁、40岁甚至40岁以后。美丽的少女变老了，不再美丽，却仍然愚蠢，而丑的那个却会变得令人喜爱，没人能够夺走她得到的东西。

布鲁蒂娜读完这封信，决心重新投入学习。她又请回了老师，没过多久，她就成了一个优秀的女孩，可以和最聪明的人对话。这对双胞胎姐妹在同一天结了婚。贝洛恰嫁给了一位王子，布鲁蒂娜则嫁给了他的大臣。但是贝洛恰的幸福只持续了三个月，因为王子很快就厌倦了她。妹妹布鲁蒂娜却成了全世界最幸福的女人：她的丈夫就各种事务咨询她，听从她的建议，还跟所有人说，妻子是他在这个世界上最好的朋友。这个故事的寓意是，外在美很庸俗，它让女人变得轻浮、不幸，让她们无法专注于学习，无法提升真正的内在美。

这个故事让我做了一个决定：如果能选，我不会在意外在美，而只会努力培养智慧。在我出生的国家，只要走在路上，就会被上下打量、被比较、被评判，可我在整个成长过程中都不在乎这种凝视。我走路大大咧咧，只穿运动服，不打理头发，要么不化妆，要么化得乱七八糟，啃指甲，迷恋书本，也从来没有试图讨哪个男孩的欢心。

虽然人们认可了我对"无用"之事的漠然态度，可他们也觉得我太夸张了：再怎么说我也是个年轻女孩，应该打理好自己，不能显得过于邋遢。人们告诉我要做选择，那我已经做出了选择，尽管其实根本没法儿选，因为我的身体不可能是中性的，它无论如何都是评判的对象。它甚至不仅仅属于我，在某种程度上它是我所属社会阶层的象征，是教育的成果、文明的标志物。

这让我变成了一个奇怪的人。我常常感觉到人们对我的性取向疑虑重重，因为当个人品位、偏好、职业、激情不能完美匹配你的指派性别时，公共道德就会被引燃，声称你的某种特质威胁到了社会秩序。

如果说贝洛恰的"夸张"在于她太过虚荣，脑子里又空无一物，那么我的夸张则在于完全不重视服饰和外表。这是完全相反的两极，但都让人没法儿忍受。此外，我生来长了一张漂亮的脸，于是不留意自己的走路姿势、穿着打扮、头发和体形无疑是种浪费，也是懒惰的表现。我的肥胖反复成为被人议论的话题；我也一直固执地不去解决这个问题。

对身体的思考引起了我的恐惧，也引起了负罪感和不适感，接下来的几年里，每当我走进一个房间，被人注视时，每当有相机对准我时，我都会觉得不舒服。假如我的"美"没有变成认识的客体，假如我接受的教育就是真正善待自己，而不是把自己的身体当成一种必须承受的负担、一件没法儿处理的东西，生活会变得多么容易！

不过，这本书讲的不是我自己的故事，它要讲的是"美"如何充当一种工具，在过去和现在用来控制人的身体、思想和生活选择，这种控制在女性身上尤其明显，但对男性来说也越来越相似。这本书还要探讨，非常规性别、非二元性别者和跨性别者如何被判定为畸形、不正常，并因此被驱逐出公民社会。我将从社会、政治、经济和文化层面阐述当前社会的基础如何形成，这一进程主要发生在18世纪末到20世纪初。

对我来说，还有一件事也很重要，就是讲述美对我意味着什么，以及校园文选里那个发生于1757年的故事怎样改变了我人生中的各种选择。这个故事给我的想象打上了烙印，也许它正是为了规训我这类女孩，向我们灌输对另一类女孩的蔑视，同时让我们也渴望成为她们那样的人。

这本书想要讲述美如何成为一种执念、一种疾病、一种无法达成的神话。这一切发生在什么时候？是谁操纵的？出于什么目的？

与此同时，我还想知道，是否像一些人主张的那样，要逃脱美的牢笼，就必须停止追问"美"本来是什么。这真的是解决之策吗？

目录 CONTENTS

第一章　名为美的牢笼 / 1
消费社会 / 3
美的神话 / 4
一则现代神话 / 5
美是宗教 / 10
美的宗教仪式 / 13
我们为什么喜爱乳霜 / 14
自我控制 / 16
追随欲望 / 19

第二章　美与权力的行使 / 23
美是职责 / 24
工作的结构 / 27
性别角色 / 30
女性疾病和医疗 / 32
行使权力的成本 / 37
美的神话为什么会存在 / 38

第三章　美、凝视与广告 / 41

摄影的传播 / 45

广告 / 47

女性气质的奥秘 / 52

我想知道它是否有效 / 55

男性凝视 / 57

霍屯督的维纳斯 / 61

性 / 63

第四章　美、肥胖与礼仪 / 67

瘦是好的，胖是坏的 / 69

文明的身体 / 72

美的道德价值 / 75

健身与久坐的生活 / 77

积极思维 / 78

关于脂肪团 / 81

神奇女侠有脂肪团 / 86

饮食失调 / 88

体毛不属于女性 / 91

美的神话是白色的 / 92

美与跨性别女性 / 94

第五章　美、时尚与老年 / 99

服装 / 101

时尚、性别与尊严 / 102

男性时尚 / 104

尺码的诞生 / 106

虚荣尺码 / 110

42码的专制 / 112

时间武器 / 115

衰老与年龄歧视 / 116

隐形的女性与更年期 / 121

第六章　当美变成疾病 / 125

对身体的不满 / 126

自我客体化理论 / 127

内感受性知觉、高峰体验和心流体验 / 130

泳衣测试 / 132

自利性偏差 / 134

将耻感和身体羞辱作为规训工具 / 135

意大利的环境 / 136

第七章　丑陋的与极美的 / 139

丑 / 141
美丽的女人是否有不一样的人生 / 143
美的偏见 / 145
美的偶像会幸福吗 / 148
美的歧视 / 152
我们花了多少钱 / 154
美容医学和整形手术 / 158
美的神话之于男人 / 163

第八章　美之谜 / 167

关于美,是否存在共识 / 169
社交媒体和美的标准 / 172
社交媒体使人情绪低落 / 173
身体技术 / 176
美的救赎 / 178

第九章　如何冲破牢笼 / 185

媒介素养 / 186
你现在的样子很美 / 189
功能状态 / 190
培养积极的自我形象 / 192
一些女人对抗另一些女人 / 195

一些女人和另一些女人站在一起？　/ 198
个人即政治　/ 200
美是关联　/ 202

结语　/ 205

第一章
名为美的牢笼

你画裸女，因为你爱看她。你在她手中放一面镜子，称之为虚荣，于是，你一方面从描绘她的裸体上得到满足，另一方面却在道德上谴责她。镜子的真正作用是别的。镜子纵容女子成为其同谋，着意把自身当作景观展示。[1]

——约翰·伯格《观看之道》[2]

美从来都没有一个经典、统一的象征，尽管我们用现代人的视角会得出相反的结论。在每个年代、每个地点，不同的审美理念和感受始终共存，曾经有过某种关于美的普遍性共识，这只是我们的一种投射、一种巨大的历史谬误。[3]

不过，也有一些观点，例如美与比例、尺度相关，能够解释苏格拉底之前的古希腊哲学家们所做的尝试。他们试图在世界的混沌中找到一种原理，用于论证一切事物、建立秩序。

美是什么？这个问题之所以产生，恰恰是因为人们需要知道是

---

[1] 此处译文引自《观看之道》，约翰·伯格著，戴行钺译，广西师范大学出版社，2015年版。——译注
[2] J. Berger, *Questione di sguardi*, il Saggiatore, Milano 2018, p. 53.
[3] U. Eco, *Storia della bellezza*, Bompiani, Milano 2018.

否存在一种客观的美，是否有可能将其转化为语言、转化为精确的标准。随着时间的推移，人们对美的思考变成了一场关于女性身体的讨论，这种讨论也涉及一些必要的手段，它们为的是让女性达到理想状态、远离那些可能使女性变丑甚至变畸形的特质。例如，在12世纪，神学家富尤瓦的于格（Hugues de Fouilloy）就写过女人的乳房应该是怎样的："美丽的乳房应当略微凸出，有适度的隆起，既克制又不受挤压，有轻微的束缚而不肆意摇摆。"在几乎完全由男性撰写和编纂的思想史、艺术史、文学史中，女性的身体逐渐成为一种客体而非主体。女人成了一种可以被议论的东西，而不是可以与之产生关系的人，一种能够表达、能够讲述的人。

消费社会

随着时间的推移，这种看待美、表现美的方式变得越来越清晰，在18世纪末到20世纪初，它迎来了一次爆发。这个时期的社会正在经历全面变化，见证了接二连三的技术发现、大规模零售分销的诞生和资产阶级的崛起。

在第一次工业革命和第二次工业革命之间，得益于城市化进程，大众社会诞生了：越来越多的人搬进了城市，开始在工厂里工作。由此，一系列前所未见的需求出现了，涉及卫生、教育、健康和服务领域。这种变化在西欧和北美尤其明显，因为这些地方在短时间内出现了经济、社会和文化层面的巨大变化，也经历了变化加速的过程。大众和中产阶级无论作为社会团体还是作为商品、服务的消费者,都变得更加重要。这股强劲的势头也逐渐蔓延到了不太富裕的国家。

在这个时期,中产阶级开始通过审美品位、道德习惯、建筑规范、服饰、礼仪和室内装修来传达自己的价值观。他们发明了一套严苛的准则,以此来评判美丑,并将美与实用性和效用挂钩,推广一套尽可能单一的范式。

尤其是到了19世纪中期,"美丽"女人和"得体"身材的图像开始出现在杂志上、广告里。这类形象代表了一个"文明"人该有的样子,而且往往会引导人们去购买美容产品。一种闻所未闻的社会压力就此诞生,美正在变成一种义务,特别是对资产阶级女性而言,她们必须不遗余力地证明自己的美。人之所以为人的价值就在于此。

我们这个时代对美的认知由此而来,它变成了一项真正的社会责任:我们不能变老,不能变胖,必须藏起不合标准的部分。因此,对美的普遍认知源自一个影响了我们生活和身体的"神话",它让我们承担起一项重负:评判自己的外表,为它而耻,不断为之焦虑。

美的神话

到了1991年,女性终于变得独立、自由、美丽,并进入了职场。女权主义斗争已经结束，变成了过去时。女性拥有了她们渴求的一切：女性气质、职业成就感、母亲的身份，还有保持性感和迷人的能力。

在这一背景下，记者娜奥米·沃尔夫（Naomi Wolf）出版了《美的神话》(*The Beauty Myth*)一书。她在书中指出，女性并没有按照她们的意愿行事，而是比过去任何时期都更像奴隶。贝蒂·弗里丹（Betty Friedan）于1963年出版了《女性的奥秘》(*The Feminine Mystique*)，向美国人展示了广告里的全能家庭主妇其实是绝望而不幸的女人。将近三十年过去，沃尔夫也谈及一套类似的系统，它依托的是愧疚、羞耻、不称职感和一种促使人们遵从无法达到的标准的推力。

电视、广告、电影和杂志里对女性的描述、那些敦促她们弥补缺陷的压力、各种批判性的观点，还有一切与美的理念相关的东西，都在深刻影响着人们的自我认知、个人身份和生活中的选择。

一则现代神话

根据沃尔夫的说法，现代意义上的"美的神话"是一项相当晚近的发明，因为它兴起于对女性的人身胁迫放松的时期。到了这个时期，女性在社会空间里已经变得独立和醒目，并且已经开始行使投票权。

毫无疑问，每个历史时期都有需要遵循的美学标准[1]，正如当今的标准仍然在跟随文化而改变一样[2]，这是事实。但我们接下来将会看到，当这些标准影响到社会关系和组织，影响人们看待自己和身体的方式，影响人们的心理健康，从而也影响到参与公共生活的可能性时，问题就出现了。[3]

娜奥米·沃尔夫认为，这种现代标准是在1830年左右出现的。当时，新摄影技术传播开来，大规模分销出现，时装图样、银版摄影法、铁版摄影法和轮转凹版印刷也在广泛传播。在这之前，人们从没看过这么多关于身体的影像，也没有意识到存在一种关于美的理想化模板，而自己应当与之相符。[4]

沃尔夫重点研究了英国和美国的情况，但这一现象实际上广泛存在于一些国家，它们都在那几十年间经历了剧烈的城市化和工业化进程。在一些地区，此类文化产品出现的时间更晚，但影响仍然非常广泛，几乎无可避免。

这种推广力在很大程度上得益于大规模分销网络的出现（文化

---

1 B. Ehrenreich e D. English, *For Her Own Good: 150 Years of the Experts' Advice to Women*, Anchor Press & Doubleday, New York 1978.
2 C. E. Rucker e T. F. Cash, *Body Images, Body Size Perceptions and Eating Behaviors among African-American and White College Women*, in «International Journal of Eating Disorders», 3, 1992, pp. 291-99.
3 参考：T. F. Cash e T. Pruzinsky, *Body images: Development, Deviance, and Change*, Guilford, New York 1990; R.：Ohring, J. Graber e J. Brooks-Gunn, *Girls' Recurrent and Concurrent Dissatisfaction: Correlates and Consequences over 8 Years*, in «International Journal of Eating Disorders», 31, 2002, pp. 404-15.
4 N. Wolf, *Il mito della bellezza*, Mondadori, Milano 1991, p. 8. 沃尔夫建议参阅B. 纽霍尔所著的《摄影史》(*Storia della fotografia*, Einaudi, Torino 1997)，不过此书并非完全与她的论点相关，而是一本有关摄影技术历史及其成败的有趣综述。

和出版之所以能够跨出小区域，触及那些一直被排除在公共辩论之外的社会阶层，同样得益于此），也就是说，靠的是商业、贸易、旅游业的诞生、铁路和邮政服务的普及，说到底，靠的是让人们能够接触到遥远的文化产物。

这是一种发挥软实力的有力工具，即不是通过胁迫和战争，而是通过广泛传播符号、价值观、思想、形象来产生影响、施加力量。[1]实际上，凭借这种方式，美国、英国和法国最终得以在国际上行使它们的权力，对新的资产阶级而言，这几个国家成了生产中心和吸引力的源头。产自巴黎的一本小说或者一件衣服可以被送到莫斯科，送到巴勒莫，一开始只给贵族阶层，后来也送到中上阶层手里，只过了几十年，这些东西就能散布到几乎所有能消费它们的人群中。

有了这些手段，女性的身体开始成为一种表现对象：一幅图像可以被复制很多份，通过明信片、杂志、目录、小册子传播。这使身体成为认识的客体，人们得以去研究一直以来被忽视的细节。被描绘的女性并不是一般的女性，而是一种女性需要去达成的标准。

手握表述权的男性（资本家、出版商、商人）筛选出一套标准，并让它变得越来越规范。女性则学会了仔细揣摩它。虽然被描绘的身体多种多样，但实际上有一种"标准版"的女性之美开始被构建出来。身体，尤其是面孔，必须美丽且"正常"，必须令人愉

---

[1] 这是国际政治领域的一种表述，由美国政治学家约瑟夫·奈在20世纪末提出，这个概念与硬实力（即基于军事和经济力量的侵略模式）形成对比。约瑟夫·奈认为，只要有通过说服来创造共识的能力，就有可能凭借文化产品在自己的国家和其他国家获得权力。

快，不能引人不安，因为它们的作用是传播观念和理论、销售产品，后一种功用正变得越来越常见。

杂志上的图片被剪下来贴进笔记本里、挂在房间的墙壁上——后来，安妮·弗兰克[1]在她被幽禁的岁月里也是这么做的。20世纪，电影甚至会教女人怎么走路、怎么摆姿势、怎么和男人打交道，该做什么、不该做什么，该做哪种女人、不做哪种女人。

消费社会导致人们越来越多地把一些东西当成必需品，而它们本来是些次要物品、奢侈品，或者和生存不直接相关的东西。广告使人们对这些东西的渴望更加强烈，还把这种渴望与必然的幸福联系起来。

正因为有了社会和经济层面的巨变，女性之美逐渐变成一种社会价值，结果就是，不管工作或职业如何，美都成了一份不间断的雄心、一项必须完成的任务。这成了一个事关礼仪和文明的问题——在全新的大众社会里，每个人，无论是处于特权地位的人还是身处弱势阶层的人，都想表明他们懂得如何在社交空间里维持尊严。

为了满足这一需求，书籍和杂志里呈现的身体之美越来越多：这样一来，美就不再是一种特质，而是一个凭借努力和专注、锻炼身体和自我控制可以达成的目标。[2]

---

[1] "二战"犹太人大屠杀中著名的受害者之一，她记录下了亲历战争的经历，后以《安妮日记》为名出版。——编注
[2] Cfr. E. Sullerot, *La presse feminine*, Armand Colin, Paris 1963, p. 52. 延伸阅读：G. Lipovetsky, *Piacere e colpire. La società della seduzione*, Raffaello Cortina, Milano 2019.

在接下来的章节里，我们将不断谈及这种文化生产的重要作用。它首先划定了一些主题和对话领域——都是女性可能感兴趣、应该感兴趣的。这样，女性就变成了一个标准化的主题，一个明确的、可预测的目标，其特征和思想在内容编纂者眼中是显而易见的。凡是杂志里没有体现的东西——人生差异、期望、激情、倾向性——全都是女性身份的附属品。

如今，这个"神话"变得十分阴险，电视、社交媒体和时尚杂志上的照片会传递出有毒的信息。我们将发现，想要摆脱美的神话，仅靠意识到这种毒性是不够的。它成了某种语法，而我们的程序就遵照它来设定，因此很难将它根除。

如果说，一个世纪前娜拉在易卜生的戏剧《玩偶之家》里摔门而出，让自己摆脱了某种女性思想，那么我们今天已经没有门可摔了。美的神话渗透得更深，也更吹毛求疵。美甚至有可能在心理上掏空女性，在身体上摧毁她们。[1]

谈到美，许多女性会被触痛，美也成了她们看待现实的一个过滤器。正如沃尔夫所写："有时候我们故意无视电视、报纸上的女性，因为我们的注意力被她的尺码、妆容、服饰或者发型吸引，每到这种时候，美的神话就会发挥出最大效力。"[2]

---

1 N. Wolf, *Il mito della bellezza* cit., p. 13.
2 N. Wolf, *Il mito della bellezza* cit., p. 313.

美是宗教

  我不记得从什么时候开始有了这种念头：假如我更瘦、穿得更好、学会了化妆，就会感到幸福。这念头一定很早就有了，因为我早就觉得自己的身体很古怪、没法儿定义，到处都不对劲。

  而且，从很小的时候开始，我只要一吃甜食或者不运动就会有负罪感，伴随着这种负罪感，我还会冒出想要忏悔、请求宽恕的念头。

  实际上，"可获得的美"作为一种理念，和宗教有诸多相似之处：它们都承诺救赎，都会催生我们的不满和无助，引发一种不够格的感觉和冒名顶替综合征。

  因此，一切就从"罪"开始，从行为不当、做得不够、没有充分挖掘自己的潜力和才能开始：如果我的身体不符合要求，如果我脸上毛孔粗大，如果我的牙不够白，那都是因为我一直懒惰、涣散，因此是个罪人。我本可以更努力，本该更努力，但我浪费了自己的潜力，毁掉了天赐的身体，我没有照顾好自己。

  市场就等在这里，预备拯救我们。实际上，市场上充斥着净化和救赎的仪式：它原谅我们的缺点，提供帮助我们实现救赎的东西。它能让我们重新开始、忘掉过去，重新找回自己。说到底，这和几个世纪前出售赎罪券的制度没什么区别，一样是建立在买卖赦罪的基础上。这是一套极其有效的系统，已经被市场营销利用，还被编写成精准的销售技巧用于各种场合，比如美容院，他们会以此来推广昂贵的治疗方案。以我为例，我经常怀着焦虑和寻求解脱感进入这类场所：我知道自己会受到观察评判，最好的情况是能得到帮助，最坏的情况是被苛责，但无论如何，我都可以得到一套解决方案。对我来说，这种负罪感和对获得救赎的希望始终与身体有关，但在很多时候，焦虑也和相貌、皱纹、皮肤缺乏弹性相关。

几年前，我在一家美容院做永久脱毛，老板建议我去她的办公室，因为她想为我提供黑眼圈的治疗方案，尽管我已经说了不感兴趣。她想要说服我，让我相信自己的脸有问题。根据她的说法，谁看我的脸都能注意到，而且毫无疑问，黑眼圈会在很短的时间内变得更严重，而我可以用他们刚买的一台新机器进行一系列治疗来防止情况恶化。

尽管我的目的是观察她使用了哪些销售技巧，尽管我乐于在她的演说结束时表明我对这些治疗毫无兴趣，但在回家以后，我吃惊地从镜子里看到一些东西，和平常看到的不一样的东西：也许她说得对，也许我的黑眼圈真的是问题，也许每个人都注意到了。黑眼圈让我看起来疲惫不堪，比原先更丑。也许我应该试一试，让自己感觉好一点儿有什么不对吗？

这种事在一个女人的一生中会发生很多次：身体的某个特征，过去从来没有注意过，现在突然变成了思考、认知、反思、研究的对象。走到这一步以后，人们往往会花几个小时在网上搜索解决方案——要么是美容，要么是医美治疗，然后花钱尝试。但这种尝试总是徒劳的，它也许能让你迅速攀上满意的高峰，最后却总会以不满收尾。要不然，人们就会为没法儿在这类事情上花钱而感到苦恼。毕竟，这套系统就是建立在你的不满之上，因为一旦黑眼圈占据你的思想，就会成为每天反复来袭的烦恼之源。这样你就会不断寻求补救措施。美的宗教不仅认可你的不满足感，也提供一种能解决问题的幻象，但它实际上让你因反复失败而滋长了挫败感，从而滋长了寻找其他方法、其他产品、其他疗法的渴望。

这并不是什么新鲜事，而是女性一直以来都要承受的：我们仍然觉得自己很肮脏、有过错，是某种亟待净化的东西的载体。几乎所有人对自己身体的认知都远比实际情况更糟。毕竟，正如沃尔夫所写："五千年来人们一直向女性灌输她们来自哪里、是由什么构成，这种叙事的重量没法儿在二十年之内轻易摆脱。"[1] 如果说以前的女性需要保持贞洁才能弥补自己生而为女的罪过，那么今天的女性必须"为美之神保持饮食上的贞洁"。[2] 劳里·彭尼（Laurie Penny）甚至认为，人们在女性杂志上读到的内容与13世纪的《女隐士守则》（Ancrene Wisse）没有太大区别。[3] 说到底，还是在探讨自我否定、纪律和奉献；我们有必要对那些控制人们思想、身体、金钱和自由的口号、规则、教条、指导章程做出回应。这些针对女性肉体的公开恐吓，让我们并没有自己想象的那么"现代"和"文明"。

---

[1] N. Wolf, *Il mito della bellezza* cit., p. 101.

[2] N. Wolf, *Il mito della bellezza* cit., p. 105.

[3] L. Penny, *Meat Market. Carne femminile sul banco del capitalismo*, Settenove, Cagli 2013, p. 75.

美的宗教仪式

"美的宗教仪式"向女性许诺了救赎、光明和恩典。为了实现这一切,不仅需要女性为自己的身体、为自己不够美而感到羞耻,还需要她们耻于说出对自己满意。认为自己很美、不需要改进,就意味着虚荣和自负:在一个承诺会解决问题的世界里,你就不能说你没有问题。

你为什么一直假装无事发生?难道你真的不想看清现实吗?你说你有光,它在哪里?它真能让你不需要高光粉、有亮泽效果的产品、美白产品、提亮产品、抗氧化物?你为什么不承认自己既迷茫又脆弱?也许你太大意了,完全没有意识到这一点?美的传教士随时都想要提醒你,以前或许会以责备的形式,今天则越来越以宜人、宽厚的语气进行。真没什么可后悔的,只要注意一点儿、照顾好自己就行。坐下来,购买"迷信产品",相信"负责转化的人",他们会改变你,就像改变《窈窕淑女》里的奥黛丽·赫本那样。只不过你永远没法儿得到那份恩典,这都不用说。

信徒在美容院、美发店、香氛店和越来越普及的网店里心醉神迷,但最初的狂喜过后,她们就会意识到,看似是救赎的购买行为正在逐渐失去光环。仅仅满足欠缺感是不够的,她们还需要其他的东西。[1] 她们不仅不能使用劣质乳霜,还要不断尝试新的护肤技巧。毕竟,市场营销真正想要的,从来都不是让一名女性对已有的东西

---

[1] N. Wolf, *Il mito della bellezza* cit., p. 118.

满意。如果她一辈子都用一样的乳霜，经济就没法儿运转起来了。

问题肯定不在个别产品，而在于信徒：她缺乏恒心和自律性；她的皮肤缺乏活性，对治疗没反应，也可能是她的期望值过高。她不相信一瓶乳霜可以永久地消除皱纹？但是不说别的，使用乳霜已经改善了她皮肤的观感，现在她的皮肤显得更滋润了。再说，这世界上根本没有奇迹。

如果我们问那些女性是否自认为是美的信徒，她们每个人都会否认。她们会说自己只是偶尔买点儿东西，并没有陷入其中。这就解释了为什么美的神话十分阴险：它会隐藏起来，匿于无形；它就栖身于我们的思想之中，越来越难以发现。近些年它还改变了广告里的信息，甚至盗用了"身体自爱"（body positive）的表述和"自我照护"的理念。它显得越来越无害，但实际上变得越来越普遍。

我们为什么喜爱乳霜

这篇文章和我自己有关——正如这本书中其他所有篇目一样。我真的很喜欢护肤，而且我认为，这种热情出现在我刚刚成为母亲的时刻，并非出于偶然。我缺少睡眠，想不出这一辈子可以做些什么。其实我对真正改善肤质和毛孔并不感兴趣，只是需要一些能让自己感到惊讶，能刺激好奇心、看起来很神奇的东西。根据沃尔夫的说法，美容产品实际上是在幻觉层面起作用的，它能提供一种别处提供不了的安全感。[1]就我自己而言，我没法儿把成为母亲之前的形象和成为母亲之后的自我认知放在一起，二者看起来如此不同，而且无法逆转。不存在什么对皮肤有神奇效果的精油，但存在一些方法和仪式可以重建我们与身体的关联，使我们所有的感官都能获得更多的感受。

化妆品唤醒了人们的嗅觉和知觉，这些又诱发了情绪，给人留下被滋养的印象："我们会照顾你，你只要大胆告诉自己为什么这么做、为什么值得就可以了。剩下的就交给我们，不用担心。"那么，化妆品真正依靠的其实是某种许诺——许诺减轻我们的精神负担。它简直就像潘多拉魔盒，充斥着各种思想、焦虑、责任感和希望，和神话里描绘的一模一样。

不管是谁，只要看过经典的乳霜广告，都会产生这样的预期：夜里，一个女人待在家中，对着镜子涂抹乳霜，然后露出微笑。这是辛苦的一天，她努力把生活的所有碎片都拼合到一起，不忽视她照料的每个人，不让任何人失望，好好劳作，现在，一天结束了，终于有一个人、一件东西来照顾她。睡觉的时候，乳霜开始发挥作用，它激活细胞再生，加速新陈代谢，促使她的皮肤产生更多的胶原蛋白。活力重新恢复，而她可以安心休息了。

这就能解释乳霜里为什么充斥着营养物质。这些东西都很美味，但你不能去吃，否则就会变胖。但如果牛油果、蜂蜜、澳洲坚果油、水果提取物用在皮肤上，就能让你更美、让皮肤更紧致，还

---

1 N. Wolf, *Il mito della bellezza* cit., p. 127.

能让你保持健康。油涂在身上，你就不用感到内疚，也不用承担把橄榄油倒进沙拉或者意面里所带来的那种罪恶感。吃下去是错的，只会毁掉你，但若油只转移到皮肤上就可以尽情享用了。你得一直努力去保养皮肤，保持自律性。

你对生活的渴望和对休息的需求在护理皮肤的过程中得到了满足，这样一来，你购买这么多产品的原因就显而易见了。你不断囤货，总在寻找新东西，随着时间的推移，渐渐扩充了自己的"仓库"（抗皱产品、眼霜、颈霜、睫毛膏）。

自我控制

身为女性，我们在这些信息面前很无助，因为我们越发感到自己被孤立了。我们站在镜子前，无论早晚，几乎总会觉得孤独、困惑、疲惫。美的宗教是唯一一种能让我们有参与感的宗教，它真正把我们置于中心位置，这让我们找到了力量感。"如果说美的神话是一种宗教，"沃尔夫在20世纪90年代这样写道，"那是因为现在仍然缺少包容女性的宗教仪式。"[1]

因此，美成为一种替代性的宗教，它帮助我们清空思想（"卸下这一天"是一款非常有名的卸妆液的名字，除了卸妆，它还许诺帮我们摆脱一整天里积累的一切烦恼），也为我们提供一种参与拜

---

1 N. Wolf, *Il mito della bellezza* cit., 315.

神的想象，一种有仪式可以遵从的想象，哪怕其他部分都显得相当不确定，参与其中所需的努力还会耗尽我们的力量。

这就是为什么女性经常探讨身体、乳霜、治疗手段和各种令人苦恼的事，因为女性以此来奉行一种神学。但在我们的文化里，足球显然是一种和男性关联的事物——关于足球的哲学思考是被允许的，并不会引发丑闻——但是，美容就常常被斥为无用的轻佻之事，而仍没有被视为某种替代品，用于替代一些仍然不属于女性的东西。

美并不是一种真正宽容的宗教，它能提供你需要的东西，但作为回报，它对你也有很多要求。这种宗教的牧师们很了解你的罪过，他们赦免你，但同时要求你有恒心、有自律性。他们就是权威，毫无怜悯之心。他们知道关于你的真相，还能把真相告诉你，引发痛苦。凭借这种方式，他们为你创造出一块抵抗外界的盾牌：如果有人恭维你，你不会相信而会否认，因为你知道真相。那些声称喜欢你外表的人并不真正了解你的罪孽有多深。

这种宗教在很大程度上和"控制体重"有关。它需要你每天进行大量驱邪仪式，也需要做出很多牺牲。你每天早晨都怀着希望，要抗拒诱惑、要激活身体、要变瘦，至少每次改变一点点——可这副沉重的躯壳根本不想遵照你的意愿，它的新陈代谢相当缓慢，你总得付出大量的努力。你应该少吃，用最优质的食物犒劳自己，要寻找排毒食物和超级食物，不断接收新信息。你的身体不仅仅是你的，它也是一张名片、一个公开的事实、一种你没法儿隐藏的东西。如果说护肤是一场舒缓和净化的仪式——去除死细胞、深层清洁、去角质、粉碎黑头——那么节食就是一场永无止境的马拉松，在这场马拉松里，你的表现永远有待改进，永远不够好。你的敌人就来自你自己：你的懒惰、弱点、身体的"关键点"、你那不知餍足的饥饿感，还有你的欲望。如果不想毁掉一切，就必须加以控制，到最后，你会在生活的一切领域搜寻这个敌人。

你不能放松，不能真正地休息，因为有可能因此浪费掉以前的努力。你永远不能分心，因为狂热地关注身体是你的社会职责之一。你不能心安理得，因为身体在不断发生细微的变化，你必须留意。这是一具正在老化的身体，离死亡越来越近，哪怕你没有意识到这一点。你永远越不过马拉松的终点线，因为终点不存在。就像西西弗斯，注定要把一块巨石推到山顶，但他到了山顶的时候，巨石又会滚落到起点，迫使他一遍一遍从头开始。

救赎永远在山的另一边，这种时间线的延长是每种宗教都不可或缺的，美的宗教也不例外地在利用追随者的信仰。你不能质疑那些建议，因为它们是你得救的唯一途径。你必须努力，必须忍受不公正和饥饿，因为只有这样才能获得回报。你必须控制自己，因为不管你是坐在餐桌前，还是在进行每日锻炼，宗教仪式的祭司们并不总是待在你身边。

把救赎转移到未来，会让人无法在当下保持高效，无法感觉到自己有权享受此刻。美的宗教让你把希望寄托在未来，却不会促使你渴望未来。相反，它加深了人们对生活、对意外、对自身行动能力的恐惧。

你也不能像别的信徒那样，夸口说自己比别人强，否则你就成了挑战雅典娜的阿刺克涅，因为自己的虚荣心，从一个女人变成了一只蜘蛛。[1]

追随欲望

美的宗教基于希望,而不是基于欲望。希望是藏在潘多拉魔盒里的最后一种恶。根据神话,宙斯赐下希望,是为了使人类相信恶终究会过去。正如尼采所写:"宙斯希望,人无论怎样被其他诸恶折磨都不放弃生命,而要继续一遍遍遭受磨难。为此他给人以希望:希望的确是诸恶中最糟糕的一种,因为它延长了人的苦难。"[2]

关于希望和救赎的承诺对整个社会和生活在其中的人有着巨大的影响,按照米格尔·贝纳萨亚格(Miguel Benasayag)和热拉尔·施密特(Gérard Schmit)的说法,整个西方文化建立在"未来"的基础之上,其中充满了救世的承诺。也就是说,它建立在一种希望之上,即未来会拥有幸福,此刻则是一座泪之谷,因为我们现在所处的时代并不真正值得乐观。[3]

推动我们的不再是欲望,而是保护自己免遭危险并安然脱离危险的需求。毕竟,快乐和奇迹都显得越来越乏味、越来越不可靠,幸福也被视为不可企及、短暂易逝的,而"悲伤的激情、无能

---

1 Cfr. Ovidio, *Metamorfosi,* Einaudi, Torino 2015, ibro VI,.
2 F. Nietzsche, *Al di là del bene e del male*, Adelphi, Milano 1977.
3 M. Benasayag e G. Schmit, *L'epoca delle passioni tristi*, Feltrinelli, Milano 2014, pp. 13-15.

为力和宿命论都不乏魅力"。[1]不过,"只有一个充满欲望、思想和创造的世界才能催生联结、构建出生活,使之孕育出灾难以外的东西"。[2]实际上,我们的社会为愿望和需求辩护,而不为欲望辩护。斯宾诺莎在《伦理学》中将欲望定义为"人的本质",但我们的社会用欲望的傀儡取代了欲望本身。[3]

我们生活在一套系统里,这套系统促使我们疯狂地索求新的产品和服务,同时警告我们,不要理会那些找上我们、迫切需要得到满足的欲望和食欲。索求产品和服务是一种正常化的、受控的、可预测的欲望,难以得到真正的满足,但似乎又是唯一可获得之物。正如居伊·德波(Guy Debord)所写,如果人们没有找到他们渴求的东西,就会满足于渴求他们能找到的东西。[4]

不鼓励欲望就意味着忽视身体、忽视它的能力,美之痼疾的主要影响之一就在于此:使我们远离感觉,远离直觉,没了这些东西,美的神话所依托的社会经济体系就无法被动摇。

在接下来的章节里我们将会看到,美的神话使我们认同自己的缺点,还使我们忘记了自己的能力。它把我们与自己的身体分隔开,使我们越来越不会倾听身体的声音,还把所有注意力都转移到自身之外。

---

[1] M. Benasayag e G. Schmit, *L'epoca delle passioni tristi*, Feltrinelli, Milano 2014, p. 110.

[2] M. Benasayag e G. Schmit, *L'epoca delle passioni tristi*, Feltrinelli, Milano 2014, p. 55.

[3] B. Spinoza, *Etica*, Laterza, Roma-Bari 2014; Parte terza: *Essenza ed origine delle emozioni*,.

[4] G. Debord, *La società dello spettacolo*, Massari, Bolsena 2002. 另见:我曾和安德莱·科拉美第奇(A. Colamedici)合著的《绩效社会》(*La società della performance*)。

这不是一个单纯的审美问题，而是一种政治技巧，用于行使权力。换句话说，这是一座镀金的牢笼，我们都没有意识到自己被关在里边。

第二章
美与权力的行使

剖析美的牢笼并不仅仅是为了主张女性的权利，让她们可以做想做的事、按自己的意愿穿着化妆、不惧怕变胖变老，同样也有助于认清支配整个社会的权力结构。

体面、道德和文明这些概念看似自然而然、不言而喻，看似源自"人"的感知能力而非历史因素。但恰恰相反，它们其实是相当晚近的社会产物，是人类在特定条件下创造出来的监督机制，用于监视和自我监视，也正因为如此，我们很难看清真相。

美是职责

实际上，美这个问题几乎与美学无涉，而与权力关系密切相关。尤其是，它使我们能够观察到，性别和阶级之间的关系有多么复杂：所有女性都因为身为女性而受到特殊对待，但不同阶级的女性会受到不同的对待。如果我们探讨的是黑人女性、跨性别女性，或者说当我们开始观察不同特征的交叉点时，还会出现进一步的差异。

无论在什么情况下，女性都有一份"职责"：如果手握一份重要工作，她们就必须美丽；哪怕失业了，她们仍然必须保持美丽。

这种始终如一对她们的男性同事来说，是完全无法想象的。关于这一点，电视剧《了不起的麦瑟尔夫人》颇具启发性：米琪是个非常美丽、苗条、优雅的纽约女人，她有一座永远整洁的房子、一个完美的丈夫和两个优秀的孩子，一个是男孩一个是女孩。[1]米琪是20世纪50年代女性的模板，也是幸运和轻松的象征，但实际上她内心隐藏着巨大的不满，最主要的是，维持这一切对她来说非常艰难。

在这部电视剧的第一集，米琪躺在她丈夫身边假装睡着了，但实际上她还没卸妆，头发也梳得好好的，她只是在等丈夫的鼾声响起。当她确信丈夫已经入睡时，才下床去浴室。在浴室里，她终于可以卸妆，涂上晚霜，用卷发器卷好头发。然后她回到丈夫身边躺下，在黎明时分起床，进浴室摘掉卷发器，重新化好妆，钻进被子里，还不耽误和她的乔尔说早安。于是乔尔相信这是他妻子的"自然美"。她在丈夫毫不知情的情况下做了这一切，原样复制了母亲教给她的东西。美是妻子的职责之一，必须在不引起男人注意的情况下完成。那有没有可能，这是一种女性的传承、一种代际间的迷信和取悦丈夫的心愿，而非实实在在的社会要求呢？

事实上，就算没人明确要求女性保持美的状态——除非她们必须遵守明确的着装规范——一旦她们不够美，这种不足就会被着意指出。自从大众社会诞生，女性已经学会把她们的美视为经济体系的一部分。

这样一来，美就变成一种简单的、在社会层面不难实施的控

---

[1] 该电视剧在 Amazon Prime Video 平台播出。

制机制。这是一种隐秘的机制,对市场有助益,却阻止了女性获得过多权力。那些已经得到美的人也得一直小心维持,留意自己的容貌,并且时常觉得自己是个骗子。这一切都涉及美与工作之间的关系。

如果说工业发展使女性有机会独立,可以参与社会生产,那么这一切都在以更严苛的规则运转:让女性一直担心自己犯了错、不得体、不够漂亮,永远面临被驱逐的危险,于是不得不履行自己的职责:保持完美无缺,遵守所有规则,做一个好女孩。她应该无害、可爱、不张扬、永远没有野心。她不该过于显眼。

这是一种胁迫,比其他任何时代的女性所遭受的胁迫都更难应付,因为这种胁迫让女性相信自己可以做出改变、一切都取决于自己;这种胁迫让女性相信,如果认为美的神话很荒谬,就等于在质疑整套社会秩序。女巫不再被烧死,最多就是让她们清除毛发,穿上体面的衣服。这样一来,她们不仅会受到接纳和欢迎,甚至会受到尊重和爱戴。再也没有奥威尔笔下的老大哥控制你了,现在只有一位仁慈的老大哥敦促你努力,变成最好的自己。身体是一种动物性的、原始的存在,有待驯服,女巫的衣服也只不过是商场里出售的服装。

实际上,救赎的第一种手段就是购买。强迫性购物是女性的一种"病态":永远不知道该穿什么,永远想要新东西。在发达国家,售出的商品中有80%以上是被女性买走的,无论是在什么领域。[1]

---

[1] P. Gogoi, *I Am Woman, Hear Me Shop*, in «Bloomberg Businessweek», febbraio 2005.

女性的工资低于男性，花销却更大，这样一来，她们几乎将赚来的钱都扔回了市场。她们更少投资，财务独立程度更低，在如何管理财富方面受到的教育也更少。然而，几乎所有的广告都是针对女性的，无论是尿布、家具还是食品。

女性一方面仍被认为是弱者，是低等的，受到轻视；另一方面又是雇佣劳动、无偿家务劳动、再生产和消费领域的巨大资源。假如没有了女性力量，许多领域都会崩溃——但总的来说，是整个新自由主义体系将会崩溃。正因为如此，许多女性学者仍试图强调这套体系具有阶级压迫而不是性别歧视的特点。

只批评美的神话而不去质疑整个市场化的社会，意味着要求新自由主义体系变得更仁慈、更温和，而且真的有可能实现：那些把女性当作目标群体的人不想丢掉女性的认可，也不想损失营业额，他们会寻找新的方法来引导女性产生不满和不快，但总归要促使她们不断购买。

这段论述不是为了表达，作为一个人，我想做我真正喜欢的事；而是为了阐述，我为什么不能做某件事。社会经济制度是一套复杂的系统，而探讨美的神话就是一次质疑它的机会。

工作的结构

有薪的女性劳动已经出现了几个世纪，到今天，人们似乎理所当然地认为女性可以拥有一切：事业、子女、自由的闲暇时间。然而，这一现状并不意味着女性已经卸下了她们保持美的职责，相反，她们甚至有了更多的职责。[1]经常有些年纪很大的女性说，虽然她们那个年代并不自由，但她们还是不愿意过当今成年女性的生活，因为她们一直在追求完美，总要为没有做到的事情而内疚。而作为现代女性，尽管有人告诉我们，我们"可以"做任何事情，但实际上这意味着我们"必须"做每一件事情，哪怕客观上根本没有时间。

美不仅体现在身体上，也体现在家庭里。家必须干净，家具必须优雅，用以显示教养。如果说"优雅"来自选择，通常意味着那些知道如何选择的人从世间的事物中识别出值得选择的东西，从一团模糊中提炼出重点，还知道怎么把这些东西和谐地嵌入整体。但是，当做出选择的依据变成了对外部目光和评判的恐惧时，最终的结果就是顺从，而不是优雅。

劳里·彭尼写道："我们对家中环境感到内疚，就像对我们自己的身体状态感到内疚一样。如果没有掌控好一切，我们就羞于被人看见，因为担心自己匹配不上那个社会预期中的女性模板。"[2]

女人的房子很脏很乱，意味着她没法儿打理好生活的其他方面，那她就是一个失败者。这种焦虑在女性中很常见——有多少

---

[1] 在意大利，15至34岁的女性中有59.3%既不工作，也不找工作；有20%的女性成为母亲以后就会放弃工作。这种情况的产生主要是由于无法协调家务劳动与家庭以外的工作——家务劳动无报酬，因此不被视为工作。(《女性就业：工作的女性越少，意大利就越贫穷》, Occupazione femminile: meno donne lavorano, piú l'Italia diventa povera, in «Vita», 16 aprile 2021.)

[2] Cfr. L. Penny, Meat Market cit., p. 73.

次，家里本来干净整洁，可你还为家里乱成一团而道歉？这种焦虑在男人身上并不存在，正是因为它是一种文化现象、一种"发明"。而且这不仅涉及做母亲的女性，也涉及那些独自生活和没有孩子的女性，不管她们多大年纪。

正因为如此，女性就算已经很疲劳了，也会在责任感的驱使下去整理、去做清洁。然而，这不是自我照料，而是一种劳动。彭尼认为，家务劳动也是资本主义构建的产物。"女性的领域在家庭之内"这种观点存在已久。这显然不是晚近的产物，但经历了多个阶段后，上述事实变得越来越难以察觉。至于家庭主妇这个角色，尽管听起来并不新鲜，但有一些作者仍然认为它是工业化社会的新成果——只有在城市里、在工业中心附近，家才真正变成了建筑物内部的空间，变成了一个与外界隔绝的封闭场所。

在《家庭财富》(*Family Fortunes*)中，历史学家莉奥诺·达维多夫（Leonore Davidoff）和凯瑟琳·霍尔（Catherine Hall）探讨了1780年至1850年间的性别和阶级关系。她们认为，在那个年代，公共（劳动力市场）和私人（家庭）的区分经历了一次重构，其结果是，工作完全从家庭中转移出来，而家庭仍然是女性的专属领域。[1]

对家庭生活和母爱的推崇也是伴随工业革命诞生的。它要求女性不间断地监护儿童，同时认为女性的职责中既包括冗杂的家务管理，也包括重复性的劳动。[2]

---

[1] L. Davidoff e C. Hall, *Family Fortunes. Men and Women of the English Middle Class 1780-1850*, Routledge, London 2018.

[2] E. Badinter, *L'amore in piú. Storia dell'amore materno*, Fandango, Roma 2012.

"不同领域"的概念并不意味着男女之间的区隔不可改变，它其实是一个特定历史时期的产物，会对未来社会、个人生活、政治和城市环境产生影响。[1]然而，这套话术在广为流传的同时，越来越多地被当成一个自然而然的事实，而它本来只是拥有霸权者做出的选择。

性别角色

最新的性别研究阐明了婚姻和异性恋如何在几个世纪之内构建了社会秩序的基础，并以一种越来越僵化的方式改变和塑造了男女之间的关系。

在《酷儿：LGBT+[2]社群的文化史》(Queer. Storia culturale della comunità LGBT+)中，玛雅·德利奥（Maya De Leo）阐述了18世纪末到19世纪上半叶之间的性别构建是如何变化的，尤其是在控制生育和性行为方面。虽然从中世纪开始，忏悔书和其他旨在界定合法与非法性行为的文本就已经出现，但是直到18世纪，医学辩论才开始涉及与母亲身份和怀孕相关的内容。从那以后，这些议题就进入了专著和手册，人们开始把母亲身份理想化，把女性与她们的生殖

---

[1] L. Davidoff e C. Hall, Family Fortunes cit., Introduction to the third edition, p. Xviii.
[2] LGBT即lesbians（女同性恋者）、gays（男同性恋者）、bisexuals（双性恋者）与transgender（跨性别者）的首字母缩略词。"+"表示具有包容性，包含其他未经分门别类的性取向和性别认同。——编注

和养育功能联系起来。在英国和法国，乳母制度——富裕女性雇用乳母来建立亲子关系、哺乳和育儿的习俗都受到了谴责。对女性来说，无论身处何种阶级，"生殖不仅是性关系的目的，而且占据了人生的全部"。[1]因此，女性被母亲身份束缚着，在女性的一生中，生育成了唯一的天然目标，女性的空间被限制在家庭以内。此外，各种医学手册开始贬低非插入式性行为，只把异性生殖性行为置于中心地位。正如蒂姆·希区柯克（Tim Hitchcock）所写，在18世纪末的英国，性爱已经成为以阴茎为中心的活动，其他所有活动都只是前戏。[2]非生殖性行为（例如自慰）被认为是需要治疗的疾病。因此，我们看待性的方式（以及我们如何定义性行为），源自一套相当晚近的叙事、文献、世界观和图像。

如果女性主要扮演生育者的角色，如果人口增长对新兴工业领域的经济发展至关重要，那么女性的性行为就必须受到控制。让-雅克·卢梭也支持这种性别划分。正如德利奥所言，这并不是简单重述了传统的不对称性（男人主动而强壮，女人被动而软弱），而是一种18世纪的新事物，它建立在男性和女性的对立之上，也建立在一种僵死的、模式化的性别二元论之上，这种性别划分与劳动力市场和社会秩序的维持紧密相关。[3]

安妮·福斯托-斯特林（Anne Fausto-Sterling）认为，给人贴上

---

[1] M. De Leo, *Queer. Storia culturale della comunità LGBT+*, Einaudi, Torino 2021, p. 11.

[2] T. Hichcock, *Redefining Sex in Eighteenth-Century London*, in K. M. Philips e B. Reay (a cura di), *Sexuality in History. A Reader*, Routledge, New York 2002, p. 191.

[3] M. De Leo, *Queer* cit., p. 12.

男性或女性的标签，强调个人的性别，是一个社会性的决定。因为一个人在社会上被如何看待，取决于社会的性别信仰，而非科学家阐述的有关性别的知识。[1]

换句话说，在那个时期，一系列上层建筑开始形成，目的是遏止变化，维持社会秩序、确保工业加速发展和人口增长。怀孕和分娩成为科学辩论的主题（医生们开始关注这些问题，在此之前他们对此并无兴趣），女性性行为和所谓的歇斯底里症也一样。如果我们停下来分析当时的很多观点，就会意识到它们对女性的身体和智力充满了偏见，而且往往对女性的健康有害。毫不意外，这些观点都是由男性提出的，当时只有他们才能接受大学教育。[2]我们应该意识到，这些都不是孤立的一家之言，也不是一些厌女科学家的疯狂想法，而是以一大批基于错误性别观念的文献形式存在和传播的。

女性疾病和医疗

1969年春天，一场女性集会在波士顿举行，目的是探讨与身体有关的一切。这场集会引发了连锁反应，越来越多的女性参与其中，由此，一本书诞生了——《美国妇女自我保健经典：我们的身

---

1 A. Fausto-Sterling, *Sexing the Body. Gender Politics and the Construction of Sexuality*, Basic Books, New York 2000, p. 3.
2 一部漫画作品对这些观点做出了讽刺性的辛辣演绎：Liv Strömquist, *Il frutto della conoscenza*, Fandango, Roma 2017.

体，我们自己》。该书首次阐明了基因意义上的女性在解剖学和生理学层面的主要变化过程。序言中清楚地说明了，社会讨论的焦点为什么不局限于生物学，还涉及政治、社会性、经济以及自立的可能性。

想象一个女人，她打算做一份工作，与其他人建立起平等的、令人满意的关系，但她觉得身体虚弱，因为从来没有允许自己变得强壮；她耗尽了全部精力，想要改变自己的脸、身材、头发和体味，想要符合杂志、电影和电视构建出的理想模板。这个女人对每月从体内某个晦暗角落流出的经血感到迷茫和羞耻；她觉得身体的变化过程是个悬浮的秘密，是一种困扰；她要么不理解性，要么不喜欢性，转而把性能量倾注到漫无边际的浪漫幻想里，高估、误用自己的潜能，因为自小就被教导忽视它。如果我们学会理解和接受自己的身体身份，并对它负责，就可以卸下一部分忧虑，利用那些释放出来的能量。我们的自我形象会更加稳固，我们会成为更好的朋友、爱人和自己；我们会更加自信，拥有更多自主权和更多力量，变得更加完整。[1]

可见，美的神话建立在权力关系上，这种关系与医学史紧密

---

1 The Boston Women's Health Book Collective, *Noi e il nostro corpo. Scritto dalle donne per le donne*, Feltrinelli, Milano 1974, p. 13.

相关，但一直以来，医学史都仅仅呼应了主流的男性感受：它把怀孕和更年期当作疾病，把月经当作慢性的病痛，把分娩当作外科手术。[1]

也正因为如此，长期以来，女性都被视为"弱势性别"，被认为低人一等。幸运的是，当今的遗传学研究告诉我们，事实根本不是这样，甚至有可能恰好相反，但这种偏见至今仍在影响科学研究和实践。[2]

在这方面，我们应该了解一下1865年到1920年间的事。在那个年代，美国女性之间的阶级差异特别大：富裕女性基本上被认为是病态的——她们太过柔弱温顺，除了精致的消遣，没法儿从事其他任何活动；工人阶级的女性在人们眼中健康且强壮，但她们又是疾病的携带者。[3]

富裕女性在家中过着幽闭的生活，没什么职业，整日困在像监狱一样妨碍行动的衣服中。她的精致是一种社会价值，因为她本身就是一种装饰品，展示着她身边那个男人的成功："她凭借无聊、精致和对'现实'的幼稚无知，赋予了男人单靠金钱不足以体现的

---

[1] The Boston Women's Health Book Collective, *Noi e il nostro corpo. Scritto dalle donne per le donne*, Feltrinelli, Milano 1974, p. 31.

[2] 在此推荐阅读：S. Moalem, *La metà migliore. La scienza che spiega la superiorità genetica delle donne*, UTET, Torino 2021. 我与该书作者在2021年3月22日的读者见面会上有一场对谈，线上版本可查。

[3] B. Ehrenreich e D. English, *Le streghe siamo noi*, Edizione a cura del collettivo controinformazione per le donne, Napoli 1977, p. 34.

阶层地位。"[1]

富裕女性过于孤独无聊,这助长了一种对疑病症和虚弱状态的病态推崇。到1850年左右,涌现了一大批关于医生的文学作品,主题基本上都是女性健康。这些作品的目标受众恰恰就是女性读者。生了病的女人仍不乏美的魅力,双眼明亮、目光空灵、脱离实体。实际上,生病的女人和死去的女人这类形象频繁出现在文学作品中,很大程度上源自男性凝视,这与前几个世纪对女性的描写是一致的。

弗兰切斯卡·塞拉(Francesca Serra)观察到,死亡让女人更加美丽,而死去的女人用毫无生机又异常迷人的目光紧盯着我们[2]这样的形象充斥了全世界博物馆的画框。[3]艾米·马奇、简·爱、凯瑟琳·恩肖,还有当时那些杂志故事里的其他主人公,都促使女性更关注自己的神经,避免因为强烈的情绪或者过度劳累而受到刺激。

虽然上述人物只是路易莎·梅·奥尔科特(Louisa May Alcott)和勃朗特姐妹的文学创造,但发明"生病的女人"和"死亡的女人"这类主题的其实是男人。塞拉认为:"这出自一种绝非善意的考虑。如果从男性的荣耀纪念碑上取走'尸体新娘'这块砖,一切都会坍塌……如果没有她,几个世纪以来游走在我们书本中、街道上、头脑里的那些圣人、诗人和英雄,都将在其自身修辞的重负下

---

1 B. Ehrenreich e D. English, *Le streghe siamo noi*, Edizione a cura del collettivo controinformazione per le donne, Napoli 1977, p. 35.

2 F. Serra, *La morte ci fa belle*, Bollati Boringhieri, Torino 2013, p. 11.

3 F. Serra, *La morte ci fa belle*, Bollati Boringhieri, Torino 2013, p. 11.

灰飞烟灭。"[1]

女性的疾病是内生的，月经期是健康状况不佳的阶段，在这几天里，她们必须躺在床上，改变或者暂时中止一切活动。孕妇也是如此，因为怀孕也是一种疾病，需要称职医生而不是落伍助产士的照顾。最后，更年期代表的是女性的内部"死亡"。显然，所有这些都和中上层女性相关，她们是医生的主要收入来源。相反，贫困的女性不懂得休息，甚至在月经期、孕期和产褥期也不例外。

出于这个原因，女性必须远离投票，远离那些危及她们健康、干扰她们精神的职业。上层女性和中产阶级女性的疾病数不胜数，她们的丈夫随时准备买单，她们对医生的指令言听计从。而医生的诊断往往基于对女性社会角色的确认，而不是基于临床观察。在那个年代，西方国家出现过一些非人道的手术，比如阴蒂切除术，同时也更倾向于禁止女性学习、阅读和自我解放，这都不是巧合。在他们看来，任何事物都有可能使子宫萎缩，从而损害女性的主要职能——生殖功能。

这些女性病人是由她们的丈夫带去看病的，他们抱怨自己的妻子不守规矩。[2] 治疗的目的是让她们重新变得温顺可亲，包括在性的层面上，以及让她们有事可做："医生对这些女性采取的行动是整套监视系统的一部分；医生的职能恰好有利于发现女性最早的反

---

[1] F. Serra, *La morte ci fa belle*, Bollati Boringhieri, Torino 2013, p. 12. 关于女性形象与死亡之间的关联，推荐阅读：J. A. Sady Doyle, *Il mostruoso femminile*, Tlon, Roma 2021.

[2] B. Ehrenreich e D. English, *Le streghe siamo noi* cit., p. 44.

叛迹象，并将其解读为疾病的症状，来要求她们接受治疗。"[1]

行使权力的成本

米歇尔·福柯（Michel Foucault）写到，18世纪诞生了一种关于权力机制的新经济：它是一套程序，同时也是一套分析方法，可以扩大权力的影响，降低行使权力的成本，并将权力的行使纳入生产机制。[2]

权力不再通过仪式性的方法行使，而是每天24小时、每周7天，借由永久的监视和控制机制来持续行使。这些机制"可以毫无间隙地运转，并且可以完整地渗透到社会主体之中"。随之而来的影响可能难以避免，尤其是对习俗、常识、文化、广告、凝视的改变。因此，就行使权力而言，私人领域的美作为一种权力工具，是一种非常高效的过滤器，运用的财政和经济成本都要低于在绝对君主制下行使权力。

反过来，一个人可以为了公民权、选举权、工作保障走上街头，但有谁会为了脂肪团和紧身胸衣这么做而不觉得自己可笑，或者被人嘲讽？实际上，这套机制不仅是为了减少不满和反抗的可

---

[1] B. Ehrenreich e D. English, *Le streghe siamo noi* cit., p. 44.
[2] M. Foucault, *Gli anormali. Corso al Collège de France (1974-1975)*, Feltrinelli, Milano 2009.

能,也是为了减少不服从和非法行为。毕竟,如果你不够美,就是你自己的错,不能责怪任何人。你只能更努力地去遵守规则。

因此,根据福柯的观点,资产阶级革命是一种新权力技术发明。如果说哲学家通过研究疯子和罪犯的案例来拓展他们的思想,那么从上述这一类权力机制中,也很容易辨认出美的神话是如何运行的。福柯认为:"惩罚应该以这样的方式来进行,即惩罚的唯一目的是让犯罪行为不再发生,仅此而已。"[1]这不是示范性的惩罚,而是接受评估的请柬。

然而,美的问题也许更加隐秘,因为除了评估,它还具备接纳的特征,这是宗教的典型特征:总能让那些不够文明的人自我救赎并做出改变。在这个意义上,正如我们已经看到的,对身体的控制和生物政治学变成了一种包容性的宗教,它并不打算排斥你,而是口口声声要向你揭示真理,引导你回归正确的道路。

美的神话为什么会存在

美的神话不仅涉及女性的脸和身体尺寸,还涉及社会、家庭、工作和性别之间的权力关系。根据我们此前的论述,可以清楚地看到,当女性获得更多自由,威胁到社会经济秩序和男性主导的文化稳定时,美的神话就会传播。

---

1 M. Foucault, *Gli anormali. Corso al Collège de France (1974-1975)*, Feltrinelli, Milano 2009.

在当今社会，女性的工作举足轻重，这也有可能让女性获得选择权，得以选择如何管理自己的财产、是否生孩子、是否参与政治。因此，引导她们的消费和对生活方式的选择变得至关重要。这样，尽管女性获得了更多的权利，但她们对表现的焦虑也随之增加，她们努力在所有领域达到完美，却始终感到有欠缺、不足和犯了错。

这套系统涉及一种大多数人尚未意识到的社会结构：并不是全体男性达成一致，阻止女性获得自由，而是一旦女性获得独立，社会秩序就开始制造反面形象，并且试图遏止这种变化。反面形象是借助恐惧制造出来的：恐性别关系会发生改变，恐万事万物会变得混乱和不可理解，恐母性和女性气质不复存在。

美的标准从而形成了一种控制，不只是身体上的，更是情感和心理层面的。虽然控制女性可能会让那些不希望发生改变的人获得平静，但这种控制实际上代表了一种巨大的损耗：庞大的变革潜力被弃置了，对身体的控制和资本主义的理性增强了。而这一切都事关"凝视"。

第三章

美、凝视与广告

美的神话事关凝视。摄影和广告领域出现的一些新技术发明，对这个神话的传播极为关键。因为借助新发明，一个图像可以被复制无数遍。

正如艺术评论家约翰·伯格所写，我们观看事物的方式受知识和信仰的影响："我们总是在审度物我之间的关系。"我们观看的事物塑造了我们的个性，而我们的镜中所见其实是自我感知。除了观看，我们也被观看，他者的目光使我们确认自身在可见世界中的存在。他者帮助我们意识到自己的感受，意识到我们的自我。[1]

正因为如此，这样的一套系统会迫使女性改变自我认知、内化这种凝视。在这套系统里，女性被一种有别于看待男性的方式看待；同样出于这个原因，几千年来，女性的社会形象和男性大为不同。近几十年来，人们对这些问题的敏感度确实一直在变，但我们不能认为凝视会这么快发生变化。伯格写道：

> 生而为女性，命中注定在分配给她的有限空间内，身不由己地领受男性的照料。女性以其机敏灵巧，生活在这样有限的

---

[1] J. Berger, *Questione di sguardi*, il Saggiatore, Milano 2015, p. 11.

空间之中和监护底下，结果培养了她们的社会气质。女性将自己一分为二，作为换取这份气质的代价。女人必须不断地注视自己，几乎无时不与自己的个人形象连在一起。当她穿过房间或为丧父而悲哭之际，也未能忘怀自己行走或恸哭的姿态。从孩提时代开始，她就被教导和劝诫应该不时观察自己。[1, 2]

正如西蒙娜·德·波伏瓦（Simone de Beauvoir）在20世纪40年代末所写，女性只是相对于男性而言的他者，但她们认为自己是相对于自身而言的他者。伯格认为，视觉艺术和广告所象征和表现的权力关系导致女性身份拥有两个要素，但这两个要素始终处于对峙之中：一方是监督者，另一方是被监督者，随时处于监视之下，纯粹是一种视觉的对象。这种相互作用导致她不断地评判自己，始终对自己不满意，想要知道自己在别人眼里是什么样子，而且对这一切都非常重视。在这种框架中，外部的凝视是衡量她存在的尺度。同样地，根据伯格的说法，男性也会根据女性的表现来选择如何对待她们。他们和女性讲话之前会先观察，根据看到的东西来决定给予更多或更少的关注、更多或更少的信赖。

这种观点其实诞生于大众社会之前，欧洲油画中的女性裸体就是明证。这是一种被动和服从的标志——服从于主人，服从于主人的意志和情感。这些油画所描绘的身体没有激情、没有个人力

---

[1] J. Berger, *Questione di sguardi*, il Saggiatore, Milano 2015, p. 48.
[2] 此处译文同引自戴行钺版本《观看之道》。——译注

量，因为它们表现的是一种不平等的关系。如果说，面对一幅描绘内尔·格温的画作（她是个戏剧演员，也是查理二世的情妇，该画作由彼得·莱利绘于17世纪），我们能看到美，那么约翰·伯格敦促我们也要去观察其中君主权力的表现：正是查理二世秘密委托人画了这幅画作，明面上描绘的是维纳斯和丘比特，但其实他想要借此展示自己的权力：他才是这幅画的真正主人公，格温只是他的财产。查理二世和画家选择了如何展示她，她本身没有这个权力。

实际上，正如伯格所说，格温也被他们的评判左右，被每一个观看这幅画的人左右。他们认为这个女演员虚荣、不贞洁、做作，但矛盾的是，男人首先通过凝视描绘出了女人，然后又在道德层面对她们被描绘的方式进行评判。女性的裸体不再属于模特本人，而成为一件被展出之物。它们是权力的对象和战利品："成为展品，就是把自己的皮肤和毛发变为展览中必然的掩饰……裸露也是衣着的一种形式。"[1]

这种描绘裸像的方式主要存在于欧洲，因为在其他地方的传统中——比如在印度、波斯、非洲和前哥伦布时期的美洲——裸像是有活力的，它与权力和生命力相关，与情欲相关。[2] 无独有偶，当女性艺术家进入视觉艺术的世界时，她们开始自我表现，努力褪去男性凝视所选择的裸体穿着，以第一人称展示自己，发现并主张自

---

[1] J. Berger, *Questione di sguardi*, il Saggiatore, Milano 2015, p. 56.
[2] J. Berger, *Questione di sguardi*, il Saggiatore, Milano 2015, p. 55.

己的权力。[1]

相反，在欧洲的裸体艺术形式中，"画家、观赏者和收藏者通常是男性，而画作的对象往往是女性"。[2,3]这一事实必然对想象和文化产生影响：这种权力关系在如何对待自己的形象和身体方面，构建了许多女性的意识。对自我的控制、对身体的监视，还有污名和羞耻也由此而来。而且，就像对于其他所有与符号、想象相关的问题一样，我们不能说解决方案就是颠覆权力关系，也不能说这可以完全归结于压迫者与被压迫者之间的动态关系。

摄影的传播

在19世纪，摄影彻底改变了一种观点，即图像是永恒的，只能描绘精英。到最后，照片可以代表任何人，也可以描绘观察者所处的一般环境。照片是位于时间和空间中的快照，它改变了人类的观看方式。[4]因为有了照相机，不再是观看者向图像靠拢，而是图像在接近观看者，这样一来，图像与人的关系和它本身的意义就被改

---

1 *Io dico Io. I say I. Artiste e rappresentazione*, Silvana Editoriale, Milano 2021. 此处参见意大利国立现代及当代艺术美术馆的展览目录，在此目录中，也有我的作品《讲述即复制》（*Raccontare è moltiplicare*）。

2 J. Berger, *Questione di sguardi* cit., p. 65.

3 此处译文同引自戴行钺版本的《观看之道》。——译注

4 J. Berger, *Questione di sguardi* cit., p. 20.

变了。¹

博蒙特·纽霍尔（Beaumont Newhall）说，自1839年以来，摄影一直是沟通和表达的重要手段，也一直是创新的巨大动力——这涉及很多实验，其中大部分都失败了。尽管摄影传播初期的数据很少，但我们已经知道，仅在马萨诸塞州一地，1855年6月1日之前的一年就出现了403,626幅银版摄影法作品，而在纽约，一家画廊以每天拍出300至1000张肖像图为荣。²

对家庭肖像的需求增长很快，这在很大程度上是因为在死亡率尤其是婴儿死亡率居高不下的19世纪，人们对死亡的恐惧非常强烈。几乎每个使用银版摄影法的摄影师都准备好了为逝者拍肖像。摄影意味着一种不被遗忘的可能性，且它的成像速度和成本都大大优于18世纪的油画。大众社会再一次为数量庞大的人群提供了曾经只属于贵族的服务和机会，但也暗示这些人承担起了与贵族同样的职责：保持礼仪和优雅，被摄入影像的时候，应该摆出一些姿势，而且应该传达出权威性、严肃性、文明性。³

说实话，这些姿势在如今看来并不成熟，有些甚至很可笑，当时的一些人物也这么想，比如银版法摄影师亚伯拉罕·博加德斯

1　J. Berger, *Questione di sguardi* cit., p. 22.

2　J. Berger, *Questione di sguardi* cit., p. 22.

3　1854年，安德烈·阿道夫-欧仁·迪斯德里在法国申请了小相片的专利。这种小小的卡片特别受欢迎，它仅有普通名片大小，印在硬纸板上。拍这种小相片很快，比正常的拍摄速度快8倍。一个新的职业就此诞生了，既保证了工作和收入，也不需要太繁重的学习，又可以重复进行，不需要具备创造力和原创性。参见B. 纽霍尔的《摄影史》，第90页。迪斯德里于1890年在巴黎的一家医院去世，当时他双目失明、耳聋，且身无分文。

（Abraham Bogardus）就曾写道："小相片是一种不起眼的东西，一个人站在刻有凹槽的柱子旁边，我拍下他的全身照后发现，头是针尖的两倍大。看到这东西我笑了，但同时也想到，在不远的将来，我也能日进斗金。"[1]

广告

摄影的传播立即引来巨大的关注，"有望在死后不被遗忘"使很多人对此很感兴趣。市场更是如此，因为这使在售产品的图像能够以一种异常普遍、广泛存在的方式传播。

于是，广告开始构建一种真正的语言，用来持续地推广符号和信息，唤起人们的欲望。如果说关于广告我们已经有了超过一个世纪的丰富经验，那么我们现在要集中分析这套话语的主要目的，以及它在传播美的神话时曾经拥有、现在仍然具备的力量。

约翰·伯格认为：

> 广告作为一个体系，只提供了一种信息。广告建议我们每个人以多购多买的方式来改变自我或生活。广告说我们只要多消费，就会更富有——虽然我们在花钱后，只会变得更穷。广告推出业已改变而备受美慕的人士，并说服我们追求

---

[1] «Anthony's Photographic Bulletin», vol. 15, 1884, p. 65.

类似的改变。[1,2]

因此，这里的问题不是关于选择的自由性，而是关于选择本身——不是自主选择什么，而是在给定的东西之间做选择：不存在选择的自由，不存在鉴别的空间，你只能在近乎无限的选项之间挑选。你没法儿避免购买，只能决定要买这个还是那个。无论如何，你都是一个消费者。[3]这种奶油和那种奶油之间的选择并不是真正的自由，因为它们出于同一个目的：创造自由选择的假象，实际上却是要混淆行动和选择。

伯格认为，广告是制造魅力的过程。它制造出迷恋、恶意、风格和等级，使观看者被吸引、产生羡慕之心。20世纪70年代起，令人羡慕的状态是广告做出的主要许诺，到今天这种许诺变得更加隐蔽和刁钻：如今，我们中间没有人想挑起忌妒，只想照顾好自己。广告适应、融入这种文化变革，设法通过改变视觉和口头语言，传达相同的信息：只要你选择我们的产品，你也会变得很有魅力。因此，伯格写道，正如视觉艺术一样，"广告关注的是人际关系，而不是物品。它许诺的并非享乐，而是快乐——由外界判断的快乐。这种被人羡慕的快乐就是魅力"[4]。

如果说在18世纪的绘画中，官僚、君主、神职人员的权力源于

---

[1] J. Berger, *Questione di sguardi* cit., p. 133.

[2] 引自《观看之道》。——译注

[3] Cfr. M. Gancitano e A. Colamedici, *La società della performance* cit., p. 42.

[4] J. Berger, *Questione di sguardi* cit., p. 134.

他们的身份,那么有魅力者的权力则源自他们假想的快乐,这也是一种超越现实的权力,是被赞美和羡慕的东西。[1]这是一项现代的发明,在几个世纪前丝毫不为人知。而且,这种羡慕不仅涉及女性对广告所展示的其他女性的注视,也涉及她们自身:我想象自己被产品改造,我羡慕自己将要变成的样子,我将变成一个更好的、更完美的版本,我将成为别人羡慕的对象。然后我就能爱自己了。伯格在谴责这种状况时措辞考究:"广告影像偷去了她对真我的钟爱,再以商品为代价把这爱回馈给她。"[2]

有了摄影和广告,消费社会能够以病毒般的速度进行自我复制,通过影像传播社会对自身的信仰和被允许存在的愿望。[3]如果某样东西是值得拥有的,它就会被展示和出售;如果某样东西不存在,就意味着它并不真正重要,不能使你快乐。

广告描绘出每一种社会共有的希望,将其简化、同质化为内容和产品,再赋予它们可理解的形式、主张和口号,最后把它们转化为承诺。这就是资本主义文化,它仅仅会构建一种希望——通过可购买的产品和服务、各个领域的表现来实现的希望。如果没有广告,资本主义的期许将完全显示出它的浅薄,而产品可以让人快乐的念头显然只是一种幻觉,是一种可笑的、不能相信的东西,一种幻梦。

要如何运用这种想象去感染那些在大众社会中参与城市生活的

---

[1] J. Berger, *Questione di sguardi* cit., p. 135.

[2] J. Berger, *Questione di sguardi* cit., p. 136.

[3] J. Berger, *Questione di sguardi* cit., p. 140.

人呢？答案是通过批评社会本身，批评它所强加的生活方式——比如，有脂肪团是件令人震惊的事，这主要是现代生活方式下的久坐导致的——但首先是借助广告使观众对自己的日常生活产生不满。伯格认为，广告不批评社会生活方式，只批评观众的个人生活方式。但我认为，在化妆品和食品领域，广告已经越过了这条界限：我们为你提供不含防腐剂、石油提取物、糖的产品，抗污染的护发产品以及应对气候变化的可再生包装。虽然使用劣质调味剂、香料和原材料的也是我们，但我们建议你做出改进。我们向你许诺，将为这些年推销给你的那些东西补偿你，让你从皮肤和身体的毒素中得到救赎。这些往往都是细微的变化，但是广告放大了它们。广告不谈整个产品的生产过程，只谈哪些方面发生了变化、哪些是可持续的，而这些可能只占一个很小的、微不足道的比例。

无论如何，广告反复告诉你，你可以做出改进，昨天的错误并不是失败；你能够改变，你的生活方式仍然可以成为幸福的来源。只要你买了他们提供的东西，生活肯定会变得更好，而且毫不费力。因为说到底，他们卖给你的并不是产品，而是观看广告时的那个"你"的有利替代品。广告在你是什么和你希望成为什么之间架起了一座桥，一座你自己无法建立的桥。

然而，广告不会把你视作一个具体的人，因为它不了解你。哪怕今天它通过收集你的数据创建了一个越来越清晰的档案，它看见的也并不是真正的你，而是你是否符合其测量标准。基于这一点，假定我是一个36岁的母亲，对服装没有太大兴趣，但对包和护肤品非常感兴趣。因此，向我推销节约家庭空间的解决方案、洗衣机用的香氛和打了40%折扣的松香油乳霜会很容易，这是事实。但另外的事实是，这些只能代表我符合测量标准的那个部分：我成了一个营销目标，而不再是一个人。然而，这已经足以让我作为一个消费者受到剥削，对资本主义来说这是必不可少的。

正如居伊·德波在《景观社会》中所写的，市场化的社会不仅要求我为生计而工作，更重要的是，它要求我花掉所有的收入，不断增加物质需求、提升购买力，积累我认为有用的一切，其中大部分源于异性引起的欲望。

这就是为什么广告在许诺之下还引起了焦虑。[1]没有这种产品，你就什么都不是；没有这种产品，你就缺乏力量。你的皮肤不能自行再生，它需要去角质、滋养、呵护、治疗。它需要不断被监测。广告填补了大众社会的意义缺失，也回应了人们对失去一切、一事无成的恐惧。它回应了现状不够好、不够完整的感觉。它回应了表演性社会导致的不满和不幸福感。

持续不断地消费实际上是一种源于社会结构的行为，以前并不存在。为什么会产生？因为一方面，我们在这个社会中体验到一种冲突、一种钝痛；另一方面，我们在广告里看到的人已经解决了这种冲突，他们已经站在桥的对面。我们能看到不完美的女性——因为如今广告会向我们展示一些长了妊娠纹的身体，而且不一定是白人——但她们很快乐。她们是绽放的、满足的、迷人的女性，而你却感到疲惫和无力，希望自己也能像她们一样。你生活在现状和期

---

[1] J. Berger, *Questione di sguardi* cit., p. 145.

许的矛盾中，但仍有一个补救方法——购买。

女性气质的奥秘

我们每个人都会说广告对自己没有影响，但事实并非如此。1979年，让·基尔伯恩（Jean Kilbourne）为剑桥纪录片公司制作了《温柔地杀死我们》(*Killing Us Softly*)。这部讲述性别歧视和广告之间关系的纪录片震动了美国，随后在1987年、1999年、2010年和2019年都有新版本问世。

早在20世纪60年代末，基尔伯恩就开始用一种相当艺术化的方式来分析广告。这些广告都与理想化的女性之美相关。基尔伯恩会把广告贴在冰箱上观察，找出那些会引起女性不适的信息。

基尔伯恩之所以认为广告是社会领域中的重要力量之一，也源于她自己的经历：她曾在英国和美国的许多制作公司担任秘书，甚至做过一段时间模特——尽管这是少数能保证女性有体面收入的工作之一，但她还是放弃了，因为她认为这份工作"摧残灵魂"——经常有共事的男性骚扰她。

根据这位学者兼社会活动家的说法，那些年，广告变得更强大、更迅猛，不仅具备了越来越高的传播度，对潜意识的影响也越来越大：如果广告的目的是销售产品，那么实际效果不局限于此——广告，基于一些原型，并通过展示和隐藏某些东西，创造了一种想象。

最近几十年里，基尔伯恩一直在强调杂志的功用，以前杂志仅仅以纸质形态发行，现在也以数字形式传播，以获得更多读者。而且由于广告的存在，杂志常常是免费的。女性杂志是一种异常强大的社会变革工具，它们确立了美的指标，而这些指标又与其内页广告密切相关，也就是说，表达的自由度很低，不得不反映广告商对女性的要求，而广告商大部分是男性。女性之所以受到杂志的影响，并不是因为她们有弱点、容易被操纵，而是因为这些杂志一直以来都是唯一一种将她们联系在一起的文化产品，代表着她们共有的情感。

此外，在很长一段时间里，杂志文章都是由使用女性笔名的男性撰写的，正如格拉齐亚·黛莱达（Grazia Deledda）发现的那样。黛莱达很早就与罗马报刊《新时尚》（*L'ultima moda*）合作，她向一位名叫艾尔达·迪蒙泰多罗的伯爵夫人倾诉了自己的感情故事，却发现躲在这个名字背后的人是杂志主编伊帕米农达·普罗瓦利奥（Epaminonda Provaglio）。为什么是男人给这些杂志撰稿？因为这样一来他们就可以控制和操纵女性的情感，与广告商一起决定提出什么建议、让她们购买什么产品、传达什么信息。

两次世界大战之后，这些杂志也产生了巨大的影响，当时很多社会角色亟待恢复。在欧洲和美国的很多地方，由于男人上了前线，女性就取代了他们的位置，可能是有史以来第一次，她们证明了自己有能力领导一个国家的经济体系。然而，第二次世界大战结束后，美的神话必须再次被传播，否则性别划分机制将会崩溃。因此，女性不得不说服自己，无论表现出了多大的勇气和领导力，她们的领域仍在家庭之内。类似的情况也发生在政治领域，例如意大利的女游击队员在议会和政府中并没有获得应有的地位,在政党中也是如此。[1]

这项倒退的运动在很大程度上利用了各种文化产品的软实力,尤其是杂志和广告。这并不是一种强制力,而是要说服女性去达成她们在生物学意义上最真实的愿望:家、亲人、家中的安宁、照料孩子、打理自己的外表。这就是"女性气质的奥秘"。贝蒂·弗里丹在1963年提出这个概念,描述了一代受过教育的女性和独立母亲的女儿,她们在20世纪50年代发现自己成了家庭主妇,被迫进入所谓的女性"自然角色"。[2]这一切的目的,是从女孩们的头脑中驱除可以工作、不做母亲、不结婚的念头。

在第二波女性主义运动浪潮中,一些想法受到了挑战,比如家庭主妇的生活方式对所有女性都有吸引力,或者郊区生活非常幸福。

杂志上的表述紧跟前述社会变化,因为市场不能放弃它的目标群体,但它要在反映新思潮和催生新需求之间找到平衡。职业女性可能有风险,因为她们太挑剔,太了解自己的购买力。因此,要转为与这些女性交谈,软化她们、安抚她们,利用她们的恐惧让她们感到内疚——她们在家庭之外花了太多时间,忽视了清洁和照顾职责。这样一来,购买就可以用来释放能量、重获平静、获得切实可行的解决方案,并证明女性的事业并没有危及家庭的卫生和幸福,

---

[1] 参考: F. M. Battaglia, *Stai zitta e vai in cucina*, Bollati Boringhieri, Torino 2016.
[2] 《女性的奥秘》是一部在今天看来颇具争议的作品,尤其是作者对同性恋的立场,但这一立场后来随着女性主义运动带来的认知变化而改变。有一部反映该时期的电视剧《美国夫人》(*Mrs America*) 由FX公司于2020年在Hulu平台上发布。

一切都在她们的掌控之中。

我想知道它是否有效

20世纪60年代，以前裹得严严实实的女性身体越来越多地暴露在外，但这并不一定表明她们取得了与男性平等的地位。[1] 相反，在这场男性主导的展示中，男性再也无须担心被认为是粗俗和"不雅"的了，这使得他们可以进一步把女性当作物品来炫耀，并把她们以更符合理想中的美的形象与待售产品联系起来。

理想是无法实现、不可触及、有吸引力的，在日常生活中几乎不可见。然而，如果这种神圣之美真的存在，并且在一个人身上表现出来，就意味着人们必须努力去实现它。然而，这种不断的展示会使人变得脆弱，还会影响人的思想和行为。正如勒妮·恩格尔恩（Renee Engeln）所述："我经常看到女性对化妆品广告中的宣传语嗤之以鼻，说这可太愚蠢了。但是，一旦她们的目光在图像里的模特身上停留足够久，很可能就会补充一句：'我想知道它是否有效。'"[2]

这种理想在性的层面上物化女性，把她们的身体变成物品，正如基尔伯恩在其纪录片中所展示的那样。关于这一点，恩格尔恩提

---

[1] 正如娜奥米·沃尔夫所写："生活在一种女性经常裸体而男性不裸体的文化中，就等于每天以小剂量学习不平等。"Cfr. N. Wolf, *Il mito della bellezza* cit., p. 157.
[2] R. Engeln, *Beauty Mania*, HarperCollins, Milano 2018, p. 191.

及了一个标志性的广告:在Marc Jacobs的广告里,维多利亚·贝克汉姆的双腿从该品牌的一个手提袋里伸出来,只要你购买一双鞋或者一个设计师手包,就可以得到同样的手提袋。从本质上讲,维多利亚·贝克汉姆的腿是一种商品——这是Marc Jacobs这个品牌告诉我们的,因为我们并没有看到维多利亚·贝克汉姆的脸。

2016年,单口喜剧演员马西娅·贝尔斯基(Marcia Belsky)推出了一个项目,最开始是在Tumblr上展示,现在也出现在Instagram上。项目名叫"好莱坞无头女人"(*The Headless Women of Hollywood*),是一组电影海报,上边只有女主角身体的局部(腿、臀部、乳房),没有头。

近些年来,鉴于我们的大脑对人和物体图像识别方式不同,认知心理学家一直在研究我们如何感知这些图像。研究表明,我们看到人的图像以后会做组态处理,将其面部的各种元素联系起来,使我们稍后能够识别它。这就是为什么倒置面部后,我们会难以辨认它。而处理物体图像时就没有这个问题,倒置后我们仍然可以辨认出来。在一项研究中,人们利用了此倒置效应来探究经过性化的男性身体和女性身体(穿着内裤或者化了妆)是否被以不同的方式感知。实验中,参与者先用组态处理法观察被性化的身体,然后再识别其翻转图像。实验结果确凿无疑:受试者识别倒置的男性时很费劲,但识别倒置的女性时没有任何困难,就和识别物体图像时一样。[1]

这表明，男性对女性的表述改变了我们处理女性身体图像的方式，哪怕我们知道它们不真实，是经过构建、修改和操纵的，但我们最终还是会相信它们。我们依据既定标准来衡量自己，认识到生活中的好事总是与我们的美丽程度、女性化程度有关。我们看着那些完美的身体，忘记了人类身体的多样性，也不再留意对女性的幼态化、性化和客体化使她们更容易遭受暴力——如果出现在我面前的不是一个人，而是一个物体，就意味着我可以随意使用它而不需要经过它的同意。

基尔伯恩在2014年的一场TED[2]演讲中说，随着时间的推移，对年轻、消瘦和美丽的向往带来的压力一点儿都没有减少。实际上，压力从来没有像现在这么强大过。[3]

男性凝视

广告建立在男性凝视的基础之上，因为它是由男性发明的，代

---

[1] P. Bernard, S. J. Gervais, J. Allen, S. Campomizzi e O. Klein, *Integrating Sexual Objectification With Object Versus Person Recognition: The Sexualized-Body-Inversion Hypothesis*, in «Psychological Science», 23(5), 2012, pp. 469-71.
[2] 即technology（技术）、entertainment（娱乐）、design（设计）的首字母缩略词。TED是美国的一家私有非营利机构，每年组织TED大会，会上的演讲就是我们熟知的TED演讲。——编注
[3] J. Kilbourne, *The Dangerous Ways Ads See Women*, TEDxLafayetteCollege, disponibile sul sito Ted.com.

表着这个性别对现实的描述。然而，我们不应该觉得男性凝视是指派性别为男的人专属的凝视：男性凝视是"正常"的凝视，也是霸权主义的凝视，是消费社会中每个人都会运用的解读现实的过滤器。它的存在基础首先与权力关系相关，因此它不仅是男性看待女性的方式，也是女性看待自己和其他女性的方式。

  这种姿态的表现形式相当多，其中之一就是近年来意大利公共辩论中的争议性主题：catcalling，即男性在街上或公共场所遇到女性时，明确地、有时带有威胁性地对她们进行言语和手势骚扰。[1] 对这种习惯的谴责和拒绝受到了众多记者和知识分子的嘲笑，其中有男也有女，他们声称这是一种无害的举动，本意是发出一种赞赏的信号，给人带来快乐。此外，同样的争论也在其他国家出现。例如，2014年，专栏作家、知名刑事律师阿瑟·艾达拉（Arthur Aidala）在福克斯新闻频道展示了典型的catcalling手势——这是主持节目的四位女主持人提出的，他当时是嘉宾。他表示，街上的女性其实在期待这些。当时著名的《每日秀》记者杰西卡·威廉姆斯回应说，人行道不是T台，也不是红毯，女性在上班途中并不寻求掌声，因为她们不是在表演。

  2020年11月，在"制止暴力侵害妇女行为国际日"前夕，意

---

[1] "catcalling"的字面意思是指呼叫猫的声音和手势。意大利语中没有类似的术语。过去有人提出用"pappagallismo"（鹦鹉学舌）的说法，但并未得到广泛传播。根据"Hollaback！"和康奈尔大学在2014年进行的一项调查，接受采访的5000名女性中，85%的人声称在7岁前经历过第一次骚扰，而在其他许多国家进行的研究中也出现了类似的数据。

大利广播电视公司（Rai）第2频道的栏目"说做就做"播出了一段教程，解释如何在购物时保持性感。钢管舞者埃米莉·安杰利洛（Emily Angelillo）展示了怎样穿着高跟鞋在超市过道里翘臀、眨眼、展露诱惑力。她先演示了如何把手放到购物车上，如何移动双腿并保持脖子挺直，然后开始往前走，一边走一边讲解怎样从货架的顶部和底部拿商品，同时诱惑别人、炫耀自己。该节目引起巨大争议，并被暂时停播。[1]

当聚焦在你身上的凝视如此普遍，当你了解到自己在公共场合的所作所为可以被解释为一种表演时，无论是否愿意，你的行为都会改变。你学会了微笑，避免被人说像是在生气；你会留意自己的头发、妆容和走出家门时穿的衣服；你会改变走路的方式。你努力达到一个足够美的水平，以便被大家接受，又不至于太过分，否则可能适得其反，招致批评或者引起危险。也就是说，你无法自主决定如何展示性吸引力。

对于女性身体在公共空间中存在的理解，主要在美学和装饰性层面进行。也就是说，它被剥离了政治价值。女性成为在公共空间中活动的公民之前，首先成为一个被观看的对象。恩格尔恩强调，这是一套系统，也是一种持续的警示："它提醒我们，每次离开家后，我们的身体就处于被展示的状态。"[2]

恩格尔恩还讲述了一个她采访过的女孩的故事：一天早上，这

---

[1] Cfr. F. Calcagni, *Come «cuccare» al supermercato, il surreale tutorial per la spesa trasmesso da Rai2*, in «Il Riformista», 25 novembre 2020.

[2] R. Engeln, *Beauty Mania* cit., p. 70.

个女孩穿了一件很喜欢的紧身上衣,但是她的母亲一看见就开始大喊大叫,说她穿成这样简直像个荡妇。后来母亲向她道歉,说很抱歉侮辱了她,但是到了最后母亲又说:"如果你穿成这样,人们就会把你当成一个女人,而这并不总是好事。"[1]

这个故事让我想起自己遇到的一件事,那是在1996年的夏天,当时我大约12岁。我说服祖母给我买了一双黑色木底皮鞋和闪亮的黑色短裤,这在那一年是非常时尚的。我感觉自己很美,这是我第一次选择自己喜欢的衣服——尽管我讨厌时尚。我本来打算整个夏天都穿着它们,但是我父亲晚上回到家,看着我,吼叫着让我换衣服,说我看起来像个妓女。那次责骂使我陷入了恐慌,因为它完全出乎我的意料。我父亲的愤怒是被恐惧驱使的,就像前文中那个女孩的母亲一样,但他其实是把一种我不理解的罪责放在了我身上;毕竟,我只是选了自己喜欢的衣服而已,并没有别的目的。我不觉得因为衣服而兴奋就象征着诱惑。他不谈这一点,仅仅让我换下衣服、把它们扔掉,并不能帮助我理解他感到恐惧的原因,反而向我传递了一个信息:某种外表让我看起来像妓女,妓女是一种卑贱的人,我完全不应该与之有共同点。

我父亲没能告诉我这些,也许是因为连他自己也没有意识到,他第一次在我身上看到了一具有性别的身体。而这身体因为有了性别而处于危险之中,可能成为被社会嘲笑的对象,或者成为欲望的对象。这意味着在我的身体和衣着品味发生变化时,有一些界限不

---

[1] R. Engeln, *Beauty Mania* cit., p. 75.

能越，然而并没有人告诉我为什么要这样，或者应该怎么做。

霍屯督的维纳斯

新的社会秩序定义了什么是正常的、文明的、道德的，然后嘲讽其他一切事物，就像著名的霍屯督维纳斯事件。19世纪初，欧洲人占据了社会等级的最高位置，处于低位的是"霍屯督人"，这是17世纪英国殖民者对南非好望角的科伊人的贬称。当时人们相信，他们可能是猿人和人之间缺失的环节，于是科伊人被用于研究，以便证明这一论点。

于是，1810年，萨尔特杰·巴尔特曼（Saartjie Baartman）[1]被荷兰商人亚历山大·邓洛普（Alexander Dunlop）带到英国，卖给了亨德里克·塞萨尔（Hendrick Cezar）。后者在接下来的四年里把她带到伦敦展出。公众花钱买票去看她，就像花钱去看热带鸟类和其他异域景观一样。巴尔特曼被安置在一个一米五高的舞台上，由一个看守牵着，赤身裸体，像一只野兽一样被喝令起坐、行走。吸引欧洲人注意的是她的大屁股、下垂的乳房和突出的阴唇。[2]

塞萨尔声称和这个女人签有合同，她自愿工作，也得到了报酬，但支持废除奴隶贸易的人不相信这一点（1807年，奴隶贸易在

---

[1] 这是她的荷兰名字，原本的南非名字已经无从查找。据称，至少有两名女性被冠以"霍屯督的维纳斯"之名，在欧洲展出过。

[2] Cfr. A. E. Farrell, *Fat Shame. Lo stigma del corpo grasso*, Tlon, Roma 2020, p. 139.

英国被禁止)。他们组织了一次公开抗议,终止了展览。然而,塞萨尔只不过是转移到了巴黎,在那里继续为萨尔特杰·巴尔特曼举办展览,直到她在第二年去世。¹

萨尔特杰·巴尔特曼去世前,著名科学家乔治·库维尔(Georges Cuvier)就对她身体的异常之处很感兴趣,于是他在巴黎的国家自然历史博物馆观察了三天。巴尔特曼死后,库维尔将她的遗体带回博物馆进行研究。他和同事一起解剖了尸体,两年后发表了一篇文章,论证其低劣性。²

巴尔特曼被制成石膏模型,她的骨架和嘴唇一直保存在巴黎的人类博物馆,直到20世纪70年代,非洲的活动家提出抗议,迫使博物馆将其移走。经过多年的请愿,巴尔特曼的遗体终于在2002年被送回南非。

霍屯督的维纳斯向人们展示了黑人女性过于性感、不知节制、过于夸张,因此是不体面的。她们的身体被简化为性器官的总和,完全被客体化了,就像在这个故事里,巴尔特曼被迫忍受虐待和暴力一样。

---

1 S. Qureshi, *Displaying Sara Baartman, the 'Hottentot Venus'*, in «History of Science», 42, 2004. 其中对巴尔特曼的描述(第236页)来自:R. Chambers, *The Book of Days. A Miscellany of Popular Antiquities, in Connection with the Calendar*, Chambers Limited, London-Edinburgh 1863, p. 621.
2 G. Cuvier, *Extrait d'observations faites sur le cadavre d'une femme connue à Paris et à Londres sous le nom de Vénus Hottentotte*, in «Mémoires du Muséum d'Histoire naturelle», 3, 1817.

性

让·基尔伯恩说，有什么比广告更微不足道的呢？从定义上讲，广告就是为了销售东西。而性则经常被广告用来充当销售的工具。

为了售卖产品或服务，广告中会不断提及与性相关的东西，或者引起性欲的东西。它以一种隐蔽的方式传达了这样的观点：这种产品或服务将使我们的性欲得到满足，让我们能够在日常生活中获得更多的性享受。

但是，广告所展示和承诺的是关于性的幻觉，且是一种极度有诱惑力的、永不停歇的版本。但这种幻觉总会消失，只留给我们某种想象、某种不满。性变成一种强加的、商品化的欲望，它越被唤起，就越所剩无几。它也变成了一种表演，就像别的表演一样，总是和表演焦虑联系在一起。

此外，广告中的性与青春和完美的身体紧密相连，因为只有这些特质被表述了出来。这就是为什么希望作为一种悲剧性的激情，常常引发挫败感：如果我不年轻、不完美，就没办法拥有性，或者只能以替身的形式体验它，而不能像广告和色情片所承诺的那样拥有最佳表现。购买产品或服务带来的性许诺越多，我反而越少感觉到被他人渴求——以我的本来面目、以我自己的生命力、兴奋性和自然体味。如果我害怕被评判，就没法儿唤起欲望，但更重要的是，如果我憎恨我的身体，也没法儿唤起欲望。

"年轻女孩学到的并不是对另一个人的渴望，而是对被渴望的渴望。这占据了大量本该用于寻找她们想要的东西的时间。"娜奥米·沃尔夫写道。[1]

到了今天，性已经成为一种公共话语和认知的客体，因为色情符号几乎渗透到了所有信息中，占据了我们和自己、和他人的关系，它们逐渐变得越来越顽固，阻止我们发现自己的性倾向、自己的渴求，或者发现自己没有性倾向。后一种情况在今天仍然受到非难。

在这方面，让·鲍德里亚（Jean Baudrillard）认为，反主流的性文化应该将色情和性本身区分开，色情是我们这个社会中的一个普遍性的交换维度。[2]色情从来都不在欲望之中，而在符号之中，因此可以被市场社会用来引发特定的反应，混淆真实与虚假。广告中的裸体不是具有欲望的身体，而是脱离实质的，它不是真正的放荡，它的每一寸都被控制着。广告中的裸体从不逾矩，而是完全服从于经济理性。它是一具超理性的、符合标准的身体，缺乏唤起的力量。它不会带你越过什么，而是边界的守护者。它是一具支离破碎的身体，因为每一个部分都经过了提炼，与产品或者服务相关。它是一具没有力量的身体，就和约翰·伯格所说的视觉艺术中的身体一样。

因此，市场社会也影响了关于性的习惯，推动人们在个人生活中寻求一种过度表演的情欲模式，而不是让人们去发现和倾听自己真实的欲望。我们将会看到，无论过去还是现在，性都凭借摄取能力运转。也就是说，要靠倾听和识别自己体内的信息和刺激。在这

---

[1] N. Wolf, *Il mito della bellezza* cit., p. 174.

[2] J. Baudrillard, *La società dei consumi. I suoi miti e le sue strutture*, il Mulino, Bologna 2010.

个话题中，我们谈论的不仅仅是女性。因此，即便是性行为，也成了必须在一套有精确规则约束的标准之内遵循的义务。

如果说在古代，对身体和性的控制是通过剥夺、静默、刑罚工具和束缚（例如防止手淫的束缚带或钢制胸衣）来实现的，那么在当下，性行为遵循市场规律，成为一种约束和交易，成了权力的象征。就像美一样，过度充沛的性符号反而向我们传递了欲望匮乏的信息，因而引发了我们想要证明自己能够获得性满足、永远有性需求的焦虑。因此，性行为也成了一种需要积累和保存的资本，并且与美的标准有着异常密切的联系。

第四章
美、肥胖与礼仪

我有个11岁的女儿。她是班里最高的学生，会写奇幻故事，能记下《哈利·波特》的完整章节，还知道希腊神话中所有缪斯女神的名字。但她体重超标。肥胖是她的一道阴影，自婴儿时期起就一直盘旋在我和她头顶，也许从我怀孕时就开始了。"我想知道她会不会像她母亲一样胖。"许多人一定是这样想的。

我女儿的聪慧、敏感和显而易见的独特性都不算数，因为当她进入一个房间，或者与一群同龄人聚在一起时，她的身体就会受到评判。对我8岁的儿子来说，类似的阴影从未出现过。人们认为他健壮、结实，最多不过是块头有点儿大。而我女儿经常显得咄咄逼人、懒惰、笨拙，让那些瘦小女孩的母亲感到害怕，人们认为她很奇怪，因为她衣服的尺码与一般人不同。

然后盯着她的目光落到我身上，落到我的罪孽上。你做了什么害她变成这样？你没有照顾好她，你没有照顾好自己，你把对书籍和写作的热爱传给了她，但她和你一样，也有一具足以让自己羞愧的糟糕身体，而这个尚未解决的问题与你直接相关。作为父母，人们总是害怕把有问题的基因、不妥之处、某种罪过传递给孩子。

我恰恰是从女儿这个年纪开始为自己的肥胖感到羞愧的。这种羞耻感与恐惧有关，每当我坐在餐桌前、在更衣室里试穿衣服、上舞蹈课，或者面对陌生人的时候，都会产生恐惧。

这些不用言明就能感知的无形压力，影响着我们与自己身体的关系，使我们靠近或者远离它。

瘦是好的，胖是坏的

如果你的身体在家庭中没有受到评判，那么社会对你身体的凝视就不那么紧迫。但是，只要你生活在一个对一切非正常事物都怀有恐惧的社会里，这种凝视就不可能完全消除。就在最近几个月，我女儿的身体开始发生变化，她开始穿宽松的毛衣，试图遮挡自己，这恰恰是无数人曾有过的反应。她进浴室的时候会关上门，不再像以前那样展示自己。这个被我清洗、检视了十几年的孩子，这个我怀了42周、被我用母乳喂养了两年的孩子，正在经历身体的飞速变化。即使你出生在一个身体接触必不可少、裸体从来都不是禁忌的家庭，社会的凝视也会让你觉得自己是个怪胎，促使你把自己的身体移出别人的视线，甚至都没有真正理解其中的原因。你只知道你太高了，你的胸部已经发育，或者永远穿不进同学的衣服。你与他们不同，所以你试图隐藏一些东西，但实际上，你没办法真正隐藏起来。你总觉得有无数双眼睛在盯着自己，如果不打算炫耀，就得想尽办法让自己变得不显眼。

肥胖者的污名一直是各种研究的主题，其中包括威廉姆斯学院主导的一项研究。该研究对一组3到5岁的儿童进行了四种不同的体型成见测试。研究人员首先向受试者讲述了一些有关儿童行为不当的故事，然后要求他们从各种不同身材的儿童形象中选出他们心目中的坏孩子。研究表明，哪怕在非常年幼的儿童中间，也已经存在肥胖有负面价值这种观点：肥胖者更有可能做出暴力和粗鲁的举动。小女孩和小男孩们甚至也不太愿意和胖孩子玩。同样令人难以置信的是，研究发现，肥胖的污名更多地来自超重的孩子。[1]

这似乎是个自相矛盾的结果，但只要了解一下肥胖污名如何变成一个社会问题而不是生物问题，一切就不难解释了。超重的儿童可能受到过不公正对待，从而学会了观察别人身上的脂肪，并反过来评判它；对这些儿童来说，身体的脂肪已经成为某种知识的对象，是一套滋生污名和羞耻的话语。它让父母担心、让自己内疚、是一种肮脏和错误的东西。

肥胖的污名是一种社会性的恐惧，常常被伪装成对健康的担忧。那些从小听着有关肥胖的言论和侮辱长大的人，首先对自己有同样的看法，然后也对其他人持同样的看法。这不是自然出现的事物，而是家庭教养、电视节目熏陶的结果（肥胖者往往是懒惰的、被动服从的，几乎不可能成为某个群体的领导者，除非那是一群坏人），也是社会活动的结果，存在于儿童的所有生活场景（学校、操场、其他家庭）中。

---

1 P. Cramer e T. Steinwert, *Thin is Good, Fat is Bad: How Early Does it Begin?*, in «Journal of Applied Developmental Psychology», 19(3), 1998, pp. 429-51.

孩子们能感知到父母对肥胖的恐惧，这种恐惧往往出于他们害怕孩子没法儿获得与正常体重的同龄人均等的机会，或者遭受社会的歧视。事实上，正如我们看到的，这种态度催生了孩子不正常的行为，并对个人身份和自我评价产生了不利影响。

确实，肥胖者在社会上获得的机会更少。在工作面试中，候选人的身体特征经常被关联到专业层面的素质或缺陷。[1]例如，在20世纪90年代的一项研究中，320名人力资源管理者被要求通过视频评估一些人。候选人实际上都是演员。在第一个场景中，他们展示自己体重正常的身体，发表激励性的演讲；而在第二个视频中，他们使用了戏剧性的假肢，让自己看起来很胖。在这两段视频中，讲话的内容、气质和语调都是一样的，但结果显示，管理者们对超重的候选人有很大的偏见，特别是超重的女性。[2]

同样的偏见也存在于情感关系中。[3]一项针对554名大学生的调查显示，肥胖的女性相比正常体重的同龄人，更不可能得到约会的机会，而对男性来说，自身的体重并不是一个歧视性因素。该研究得出的另一个有趣发现是伴侣的评价对被调查者自尊的影响：对于女性来说，体重是情感关系中的一个重要因素。由于男性频繁谈论这个话题（可能是为了要求他们的伴侣做出一些改变），体重已经

---

1 这也发生在女性、黑人、残疾人、LGBT+人士身上。

2 R. Pingitore, L. B. Dugoni, R. S. Tindale e B. Spring, *Bias Against Overweight Job Applicants in a Simulated Employment Interview*, in «Journal of Applied Psychology», 79 (6), 1994, p. 909.

3 C. R. Jasper e M. L. Klassen, *Stereotypical Beliefs About Appearance: Implications for Retailing and Consumer Issues*, in «Percept Motor Skill», 71(2), 1990, pp. 519-28.

成为女性对身体不满的一个主要来源。[1]当然，当我们谈论美和体重时，讲的总是一些私人的东西，但实际上，这是一个公共问题。

文明的身体

直到19世纪，以下观点才出现：肥胖与原始和不文明相关。1893年，切萨雷·隆布罗索（Cesare Lombroso）和古列尔莫·费雷罗（Guglielmo Ferrero）出版了《犯罪的女人：妓女与正常女人》（*La donna delinquente: la prostituta e la donna normale*）。他们在书中解释了如何依据身体特征从社会上的堕落女性中辨认出一个值得尊敬的女人。该书的论点是，可以在女人的身体上找到"堕落的烙印"，即代表自然、返祖、原始性的身体标志。因此，犯罪的女人在本质上就会犯罪，这些与生俱来的特质，代表着她们会"返回之前的进化阶段，具有返祖的性质"。这些人的原始天性注定了她们会无意识地违反所在社会的法律。

作者对女性头发的形态和颜色、下颌、眼睛的形状、乳房的大小和形状、外阴的外观、耳垂以及腿部进行了分类，对"犯罪的女人"和"正常的女人"进行了比较。由于很难说服富有的女性接受检查，该研究仅包含了对女囚和妓女的强制检查结果。隆布罗索和

---

[1] V. Sheets e K. Ajmere, *Are Romantic Partners a Source of College Students' Weight Concern?*, in «Eating Behaviors», 6 (1), 2005, pp. 1-9.

费雷罗还测量了她们的体重,并得出结论:"犯罪的女人比正常女人矮;按其身高比例,妓女和杀人犯的体重要高于诚实的女人。"此外还有:"妓女夸张的体重源于臭名昭著的肥胖症,她们在这个不幸的行当里逐渐变老,逐渐变成脂肪组织堆砌而成的怪物。"

总的来说,隆布罗索认为,女性不如男性的主要证据之一恰恰是她们的"结缔组织和脂肪组织更丰富"。此外,妓女、杀人犯和野蛮女人比他所谓的"正常女人"胖,这意味着她们更加"幼稚"。尽管隆布罗索已经因其争议性的理论而受到批评,比如通过头盖骨的形状来识别罪犯,但这些理论得到了广泛传播,极大地影响了近一个半世纪的文化。

通过这种方式,女性的肥胖成为一个关系到公共卫生和社会秩序安全的问题,导致那些没法儿达到理想瘦身标准的"可敬女人"深感内疚。她们的身体不再是私人的、个人化的,而是变成了公共事务。因此,能让她们恢复正常的那些手段越来越多地出现在演讲、杂志和书籍中,成为一种"监管痴迷",这是心理学家朱迪思·罗丹(Judith Rodin)的观点。

事实上,我们不能说人的身体之前从未成为外部凝视的对象:肥胖在过去也是可见的,只是它并不可怕,也没有引起不好的评判,主要是因为以前没有严格的参数需要满足。然而,在19世纪到20世纪之间,肥胖成了人们鄙视的对象,成了一种恶习,也成了缺乏个人力量的标志。肥胖的人性格软弱、粗俗、令人讨厌,如果不能减肥,就意味着这个人属于"不争气的人,或总被打败的人"。沃森·布拉德肖博士(Watson Bradshaw)、莱昂·威廉姆斯博士

(Leon Williams)或者亨利·芬克博士(Henry Finck)的著作都指出了一种以前不存在的肥胖污名,并指出人们把它与阶级、种族、性别和性联系起来。[1]

在这个时期,一种观点越来越得到认可:肥胖者是堕落的,他们没有能力在社会上立足,没有能力克制自己,不值得信赖。对肥胖者的诋毁遵循了所有政治和社会等级制度的绘制过程:肥胖是一种无法掩盖的劣等标志,它表明一个人属于较低的社会阶层,缺少自我管理,也缺少优雅和高贵的精神。[2]

我们的社会日益复杂,由于工作、旅游和城市生活的发展,阶级也在融合,人类正在创造新的机制,以便控制局面、做出决定。在新兴的大众社会中,目光不仅没有变得更加自由,相反还有了更多的滤镜。

杰里米·边沁(Jeremy Bentham)在1791年设想了一座圆形监狱。在这座监狱里,看守者无须挨个检查囚犯,只需要在监狱的中心设置一个监督者监视所有的对象,同时不让他们知道自己是否正在被监视。同理,美的范式变成了一套比以前更简单、更高效、更经济的控制系统。它已无关审美,而是一套有用的标准,用于区分白人与黑人、富人与穷人、男人与女人。[3]

然而,要想让控制工具发挥作用,就必须将其内化:如果你的身体是依据一套你认为不可信的标准被评判的,那么这种污名就不

---

[1] A. E. Farrell, *Fat Shame* cit., p. 127.
[2] A. E. Farrell, *Fat Shame* cit., p. 53.
[3] A. E. Farrell, *Fat Shame* cit., p. 53.

会对你产生影响。然而，当每一幅图像、每一则广告和每一个遇到的人都说你的身体不正常，你最终就会相信这一点，还会真的感觉它出了问题。你会为此羞愧，也会感到自己正在接受评判，然后你会认为这一切都是合理的。[1]

艾米·厄德曼·法雷尔（Amy Erdman Farrell）写到，在很长一段时间里，对肥胖的诋毁在美国和英国的黑人中间并没有得到太多支持，这既是因为他们对生计的关注更为紧迫，也是因为他们对美有不同的评估标准，因此，他们的社会身份体验与肥胖并不相关。[2]

在现实中，医生、杂志和广告都以白人和富人为目标群体，并以这种方式参与构建了美国和英国白人的种族和社会身份——与之相对的是一种"堕落的身份"，一些人因为性别、习俗、道德、种族因素而被视为是不文明的，每个"体面"的人都必须努力避免与他们相似。

美的道德价值

恰恰是富裕的白人女性，会在时尚和医学的驱使下将肥胖污名化——医生和时尚设计师的意见再次汇集到女性杂志上，这些杂志不断地论述理想的身体、"自然"美和"女性气质"的本质。

---

[1] E. Goffman, *Stigma. L'identità negata*, ombre corte, Verona 2003.
[2] A. E. Farrell, *Fat Shame* cit., p. 129.

女性逐步取得的社会权力、财富、力量、勇气，都必须优先用于改善外表。女性终于可以做自己了，但"做自己"并不是一个自由空间，可以根据每个人的偏好去设计；它其实是个标准空间，由一系列必须遵守的规则和程序构成。因此，自然美只不过是越来越多人工操纵的结果。

第一波女性主义运动浪潮也落入了这个陷阱。它的闪光点是质疑了所有的社会结构，但最后局限于白皮肤、瘦削和自然美的身体。在运动中，女性主义者努力证明她们和男人一样是文明人，配得上投票权，于是"反女性主义者不断嘲讽她们，将她们描绘成丑陋、肥胖的模样。为了抵制这种嘲讽，女性主义者开始展示自己年轻、白皙、瘦削和诱人的形象"。[1]

在一些自诩"文明媒体"的美国报刊上，比如《生活》（*Life*）和《哈珀周刊》（*Harper's Weekly*），"符合标准的身体"这个概念越来越多见：他们向富裕的、受过教育的白人读者提供大量漫画，其不仅嘲讽女性主义者，也嘲讽非裔美国人和移民。

大量有关"文明的身体"的论述后来传播到世界各地，但它并非源自美国，而是源自法国。在法国，《嘉人》（*Marie-Claire*）、《你的美丽》（*Votre Beauté*）等杂志，特别是《你的美丽》，一期接一期地构建理想女性轮廓的神话，培养女性要"配得上"和"争取"穿上时尚服饰的信念。这些杂志面向富裕的女性，但也面向社会地位不高的女性——她们希望嫁给富有的男人，因此必须证明自己的

---

[1] A. E. Farrell, *Fat Shame* cit., p. 176.

"文明"和"优雅"。

健身与久坐的生活

在这一背景下,促使女性用泡健身房来补救久坐生活的推动力诞生了:女读者们必须腾出时间来锻炼,如果她们在日常生活中工作时间长、经常坐着,就更要注意。她们无论如何都要鼓起勇气去运动,因为工作"永远不该妨碍美丽",当今健身房的原型就是为了满足这种新需求而出现的。这套关于体育运动和训练的叙事源自女性杂志,今天听起来仍然异常耳熟,因为我们在所有的传播渠道,包括社交媒体上都能遇到它。[1]

罗贝塔·萨萨泰利(Roberta Sassatelli)指出,身体规训经历了一个商业化的过程,创造出一套术语、一些工具和关于性别、场所(现代健身房)的密码。与以前相比,健身是全新的事物,而且已经嵌入消费社会中。这一现象也在学术界引发了一系列互相矛盾的思考。事实上,一方面它将体育运动民主化了,让过去被排斥在体育外的人也能参加体育活动;另一方面,这种开放与健康的关系并不大,更多与外表相关。[2] 世界卫生组织建议每天运动30分钟,因为我们绝大多数人都处于久坐的生活状态下,也因为运动对心理和

---

[1] R. Sassatelli, *Fitness Culture. Gyms and the Commercialisation of Discipline and Fun*, Palgrave MacMillan, London 2014.

[2] R. Ghigi e R. Sassatelli, *Corpo, genere e società*, il Mulino, Bologna 2018, p. 122.

生理健康都有重要影响。然而，健身习惯这套叙事和它的传播并非基于健康原因，也不是为了对引发久坐的制度进行社会批判，而是源自对变美的追求，以及为了证明一个人可以在一天的几个小时内完成所有事情。

这就能解释，健身为什么经常带来愧疚感、失败感、沮丧感，导致人们认为自己没有足够的动力、勇气和自制力，不具备充分的多任务处理能力。

久坐作为一种社会产物，已经成为表演焦虑的重要来源，也成为一个有待全力解决的独立问题。

积极思维

最早出现的"抗脂肪"制剂广告之一，是用来宣传艾伦抗脂药的。19世纪下半叶，这个广告指出：肥胖者不快乐、爱抱怨，而且缺乏体力和精神力量；然而为了应对新世界，人们必须保持乐观、追求成功和金钱、进入现代化的轨道、与变化保持同步，而要做到这些，就需要有敏捷快速的思维和行动，所以身体也必须苗条修长。

恰恰就在那些年里，在法国和美国，我们今天称为"积极思维"的概念诞生了。从本质上讲，它属于新思维（New Thought）运动，是一场主要由基督教思想家促成的运动——甚至还包括真正的教会（神圣科学教会、统一教会和宗教科学教会），在20世纪的前三十年享有越发高涨的知名度。[1]新思维运动背后的理念是，人体内有一种神圣的物质，能够以超能力的形式表现出来，然而这些能力几乎从未被好好利用。这些思想家将基督教神学、传统信仰与替代医学、超自然能力和催眠结合起来，声称向上帝开放的心灵能够远离疾病。实际上，基督教教义被扭曲了，转而服务于各种日常目标的兑现，这些目标包括成功、金钱、治愈疾病、获得令人满意的感情生活。新思维运动认为，精神是一切的本质，神即无限智慧，积极思维是通往治愈的大道。

如果人们不快乐、对自己的生活不满意，基督教教义（连同替代药物和想象练习）可以用作一种兑现愿望的有效手段。特别是祈祷，它是极其重要的工具，根据法国药剂师埃米尔·库埃（Émile Coué）提出的一种技巧，人们可以通过积极想象来加强祈祷的作用。

根据库埃的观点，我们是由自己塑造的，而不是被命运塑造的，所以我们可以自我改善，获得福祉和成功，得到渴望中的家、喜爱的妻子和丈夫、完美的身体。对此，最基本的技巧是有意识地自我暗示，它根植于这样一种信念：如果你相信一件事是好的，那它就是好的。库埃的灵感似乎源自一次并不太科学的观察：当他给客户用药的时候，只要坚定地说"你以后会看到，它肯定对你有好处"，药效就会更直接、更明显。

---

[1] 艾玛·柯蒂斯·霍普金斯（Emma Curtis Hopkins）、艾玛·福克斯（Emma Fox）、默特尔（Myrtle）和查尔斯·菲尔摩尔（Charles Filmore）、欧内斯特·霍姆斯（Ernest Holmes）、弗朗西斯·洛德（Francis Lord）、菲尼亚斯·昆比（Phineas Quimby）都是这场运动中知名的人物，他们借助报纸、书籍以及后来的电视广泛传播了各自的思想。

库埃建议人们在入睡前和刚醒来的时候做一些练习：闭着眼睛唤起心理图像，大声说："每一天，在每个方面，我都变得越来越好。"这会起到激励作用，帮助人们得到想要的东西。实际上，库埃是第一个谈论心理图像和思维力量的人：因为身体肥胖而自我责备没有意义，该做的是想象自己已经很瘦、很美了。

1937年，拿破仑·希尔（Napoleon Hill）所著的《思考致富》出版问世，这是新思维运动中畅销的书籍之一，迄今已在全球售出超过三千万册。作者称自己的学说为"成功哲学"。根据他的说法，"凡是头脑能想象和相信的，都能实现"。希尔认为，西方资本主义的社会经济体系与基督教思想高度一致——耶稣在《福音书》中提及的"黄金法则"，能使任何人在任何领域获得成功，无论是经济层面还是个人层面。

依靠自律和控制，人类的头脑可以实现它所能设想的任何事物。人们只需要鼓起勇气，问问自己真正相信什么，当下的生活是否与自我协调一致，渴望的东西是否真的是自己想要的。

市场社会没有任何问题，就算存在困难，也是个人造成的，是个人往往无法采取行动、无法充分利用所处的环境造成的。但这些能力是可以培养的。这类作者的观点其实是，如果你不喜欢现实中的东西，那是因为你内心出了问题。错的不是现实，而是你没有充分地与现实保持协调一致。[1]

---

[1] M. Gancitano e A. Colamedici, *Tu non sei Dio. Fenomenologia della spiritualità contemporanea*, Tlon, Roma 2016, pp. 59-64.

如今，我们仍然可以从一些作家那里看到这些想法，比如朗达·拜恩的《秘密》，还有托尼·罗宾斯的《激发无限潜能》。拜恩在她的畅销书中写道："不完美的思想是人类一切不幸的原因——包括疾病、贫穷和不快乐……你可以想出自己的办法，获得完美的健康状态、完美的身体、完美的体重和永恒的青春。"她还说，在和谐的身体中没有疾病的位置。因此，拥有完美的生活、实现美的理想是有可能的。老生常谈，如果你做不到，就是你自己的错，因为你没有能力去相信、去想象。

换句话说，在灵修领域，也发生了美的概念所遭遇过的事：灵修被剥离了神秘性、未知和非常态，变成了一种技巧，一套用于证明自己积极、实际、文明和成功的标准化方案。我们现在强调这种词义的变迁，并不是要贬低那些寻求灵性的人所选择的个人道路，而是要表明，自我完善的动力很有可能只是资本主义的附带现象。

关于脂肪团

新思维运动非常关注"疾病"的概念。然而，这个概念并不是自然的、绝对的，而是由历史决定的。正如米歇尔·福柯所观察到的，正是医生的介入，将症状转化为一种符号元素，他根据他所拥有的知识、集体想象和权力关系来定义什么是病征。[1]对疾病的

---

1 M. Foucault, *Nascita della clinica*, Einaudi, Torino 1969.

定义是一个悖论，马克·奥热（Marc Augé）和克劳迪娜·赫茨利希（Claudine Herzlich）写道："它既是最个人的，也是最社会化的。"[1]

罗塞拉·吉吉（Rossella Ghigi）认为，近几十年来，认识论、历史学、社会学和哲学领域的研究让人们越来越清楚地认识到，我们不能从时代精神、种种偏见和错误的信仰里提炼出有关身体的医学科学知识。这就是为什么此类知识在几十年间不断变化，还经常反映出权力关系，制造出不平等和刻板印象。从这方面看，追溯"脂肪团"的病理学史会很有意思，它与女性的瘦身理想有着极为关键的联系。

根据罗塞拉·吉吉的说法："如今反复出现在我们药店橱窗里的脂肪团已经成了一种集体性的忧虑，它有出生日期，也有起源国——20世纪20年代的法国。"[2] 脂肪团被"发明"之前，只不过是"成年女性的肉体"[3]，正如娜奥米·沃尔夫的观点，它既不是医学研究和辩论的主题，也不是女性产生负罪感的理由。

利特雷（Littré）和罗班（Robin）编纂的《医学词典》（*Dictionnaire de médecine*）第十三版出版于1873年。人们讨论"脂肪团"这个术语时，经常引用该书的内容，但书中对这个词的定义仅仅是"一些作

---

[1] M. Augé e C. Herzlich, *Il senso del male. Antropologia, storia e sociologia della malattia*, ed. it. a cura di F. Maiello, il Saggiatore, Milano 1988, p. 36.

[2] R. Ghigi, *Le corps féminin, entre science et culpabilisation. Autour d'une histoire de la cellulite*, in «Travail, Genre et Sociétés», 12, 2004, p. 58.

[3] 意大利语"cellulite"原指蜂窝织炎，后来有了"脂肪团"这层意思。——译注

者对细胞或结缔组织炎症的称呼"。[1]因此，彼时它只是一个在医生之间流传的新名词，并没有与"女性的身体"建立起紧密的联系。

直到1923年，第一份关于纤维症的报告提交给巴黎医学会。几年后，拉热兹（Lagèze）医生在里昂发表了一篇论文，题为"坐骨神经痛和蜂窝状浸润"（Sciatica e infiltrazioni cellulalgiche）。1932年，韦特瓦尔德（Wetterwald）医生在《什么是蜂窝织炎》（What is cellulitis?）一书中把"盆腔蜂窝织炎"与一系列因素联系起来，其中包括已婚女性的性生活。事实上，鉴于身边没有男人的女人被看作一种不完整的、有缺陷的、功能低下的存在，"处女属于功能障碍"的观点其实很早就有，它不仅迟迟没有消亡，而且被认为是完全合理的。[2]

然而，并非这些文献论述了我们如今所知的"脂肪团"，而是那些逐渐出现在法国杂志上的文章把蜂窝织炎描述为一个"女性问题"。最早探讨这一点的可能是《你的美丽》杂志。1933年，德贝克（Debec）医生发表了一篇有关抗脂肪措施的文章。在这篇文章里，蜂窝织炎被定义为"水、废物、毒素、脂肪堆积形成的一种混合物，对此人们应对乏力"。据此，脂肪团并不是真正的脂肪，而

---

[1] «Nom donné par quelques auteurs à l'inflammation du tissu cellulaire ou lamineux». E. Littré e Ch. Robin, *Dictionnaire de médecine, de chirurgie, de pharmacie, de l'art vétérinaire et des sciences, 13ᵉ édition, entièrement refondue par E. Littré et Ch. Robin*, J.-B. Baillière, Paris 1873, p. 250.
[2] B. Remaury, *Il gentil sesso debole. Le immagini del corpo femminile tra cosmetica e salute*, Booklet, Milano 2006.

是有毒废物的浓缩,"好比在脓肿或肿瘤中发现的东西"。[1]这样的观点只会让读者对自己的身体感到厌恶,还会推动他们采取措施解决问题。果然,该杂志收到了大量女性的来信,抱怨说尽管自己没有超重,但是仍然有脂肪团的问题。这些证词促使杂志继续讨论这个话题。1935年,杂志回复一位读者时说:"脂肪团是退化了的肉体。它是一种含水混合物,这种物质更像尿液而不是血液或水。它是一种沉积在肉和皮肤之间的纤维物质。"[2]无论如何,《你的美丽》杂志并没有许诺奇迹,而是提出了一些解决方案来安慰女性,给了她们改善现状的希望。

唉,如果有治疗脂肪团的办法,请放心,我们会立刻知道。我们已经花费了大量的时间来解救那些不幸的女性患者,可是却一无所获。可以尝试一下按摩,也可以做做体操。这些手段都不能彻底消除脂肪团,不过我更喜欢体操。我们并不完全清楚这些废弃物为什么会沉积在皮肤之下;如果知道原因,也许就可以摆脱它了。[3]

1937年,继《你的美丽》之后,杂志《嘉人》也把蜂窝织炎称作"渗入尊贵组织中的脂肪",认为这是一种阴险的东西,甚至

---

[1] «Votre Beauté», febbraio 1933, pp. 16-19. 下文引用的仍然是《你的美丽》和《嘉人》里罗塞拉·吉吉的这篇文章。

[2] «Votre Beauté», maggio 1935, p. 2.

[3] «Votre Beauté», novembre 1937, p. 22.

比超重更不利于健康，而且更难解决。¹在很短的时间里，各种补救措施、药膏、药片和家用设备都开始出现，例如Point Roller按摩器、AEG振动器，还有美容橡皮擦。这些产品当中，很多都被证明无效，甚至还有危险。²实际上，杂志和广告的真正目的是将女性读者推向专家咨询，推向诊室治疗，这样一来，也就促成了美容院的成功，因此在当时的巴黎，美容院得以迅速扩张。

在第二次世界大战期间，由于有食品限制，脂肪团污名化取代了肥胖污名化。在那个食物严重短缺的年代，肥胖污名化显得不合时宜，也很难吸引读者的注意。³脂肪团却不一样，它也会影响身材较瘦的女性：实际上，90%的女性在阅读杂志时发现自己有这个问题，然后被敦促解决问题。在化妆品公司珍碧嘉（Jeanne Piaubert）的广告里，甚至提及1940年德国对法国的占领："由于我们刚刚经历的事件，脂肪团变得非常普遍。"⁴此外，在1946年，《你的美丽》杂志称脂肪团是"世纪之恶"。⁵

法国医生、美容师妮科尔·龙萨（Nicole Ronsard）在1968年4月15日的《时尚》杂志（*Vogue*）上发表了一篇文章，时隔多年，把脂肪团引发的恐惧传到了美国。这篇文章的标题是"脂肪团：以前减不掉的脂肪有了新说法"（Cellulite. La nuova parola per il grasso

---

1 «Marie-Claire», 7 maggio 1937, p. 16.

2 G. Preziosi, *Conserve. Il corpo come spazio delle meraviglie*, Polimnia Digital Editions, Sacile (PN) 2020, p. 49.

3 P. Stearns, *Fat History. Bodies and Beauty in the Modern West*, New York University Press, New York 1997.

4 «Votre Beauté», dicembre 1940, p. 35.

5 «Votre Beauté», maggio 1946, p. 30.

che non potevi perdere prima)。

神奇女侠有脂肪团

　　社会学家罗塞拉·吉吉认为，今天的脂肪团就等于19世纪欧洲女性的紧身胸衣：一种货真价实的刑具，目的是让腰像蛇一样细，把胸部向前挤，使下背部向后拱，以获得S形曲线。[1]在《有闲阶级论》一书中，托尔斯坦·凡勃伦指出，紧身胸衣不适于穿着者工作，会使她们难以做出流畅的动作：换句话说，富裕的女人只是一种装饰，是她丈夫的"名片"，她只需要照顾好自己的美貌。[2]

　　然而，紧身胸衣和脂肪团的区别在于，紧身胸衣主要是有闲阶级的象征，而脂肪团则成了每个女性的烦恼：每个人都从自己的时间和经济能力出发，试图"解决问题"，但从来都没法儿消除压力：手术刀、草药茶、自然疗法、新设备、日常仪式（干刷、保健品、按摩紧身衣），还有每周都要记得做的治疗，有的要做一次、两次，有的是三次。人们会为自己不能坚持而产生负罪感，同时又因为做出承诺而浪费了精神能量，给本来就极其紧张的日常生活增加了负担。

　　如今，脂肪团被认为是脂肪组织肥大，并不属于真正的病理现

1　R. Ghigi, *Le corps féminin, entre science et culpabilisation* cit., pp. 55-76.
2　T. Veblen, *La teoria della classe agiata*, Edizioni di Comunità, Torino 1999.

象。其实早在20世纪70年代末,它就已经被定义为一种"虚构的疾病"。[1]然而,尽管脂肪团一直以来都是女性身体的一部分,但经过了几十年的病理化叙述,提到它时,人们很难不去想自己的身体出了问题。乔治·维加雷洛(George Vigarello)写道:"脂肪团首先诞生于对裸体及其不美观部分的凝视,并与医学手段和一个有待建立的市场交织在一起。"[2]

"我认为自己是个聪明女人。但是,为什么我一天二十四小时都在想脂肪团?"伊贾巴·谢戈(Igiaba Scego)在为《国际周刊》(Internazionale)撰写的一篇文章中点评了亚历克斯·德坎皮(Alex De Campi)笔下的神奇女侠。他是《动感漫画》(Sensation Comics)中神奇女侠的绘制者之一,在他笔下,这位女英雄不再穿短裤,而是换上了覆盖双腿的服装。[3]在漫画里,神奇女侠解释了做出这个选择的原因:有人在Instagram上放了一张照片,上面是她在墨西哥发生一场毁灭性地震以后,拯救了成千上万的人。之后这张照片被疯传,因为她的腿上有脂肪团。神奇女侠很不高兴地说,人们没有评价她的行为,而是纠缠于这个细节。

罗塞拉·吉吉推测,作为"疾病"的脂肪团诞生于特定历史时期的法国,也就是在两次世界大战之间,因为在那些年里,尚未获得投票权的女性在公共领域和有偿劳动市场中占据了更多的空

---

[1] F. Nürberger e G. Müller, *So-Called Cellulite: An Invented Disease*, in «Journal of Dermatologic Surgery and Oncology», 4, 3, Elsevier, New York 1978, pp. 221-29.
[2] G. Vigarello, *Storia della bellezza*, Donzelli, Roma 2007.
[3] I. Scego, *Tranquille ragazze, anche Wonder Woman ha la cellulite*, in «Internazionale», 15 maggio 2016.

间，成为文化活动和工业产品的消费者。此时"瘦"已经成为自控和独立的象征，也代表着自由行动和自由选择的能力，因此，女性成为美容业的一个完美的目标消费群体。根据苏珊·博尔多（Susan Bordo）的说法，恰恰是在两性之间的权力关系发生变化、女性展现出更强的独立性时，美容业试图重新建立性别体系。[1]实际上，长期以来，杂志只是充当了女性的镜子，放大了她们的不安全感，而没有真正推动她们以一种新的方式展示自己、改变权力关系。比如，这些杂志并没有对女性说，寻找一个富有的丈夫可能只是找了个牢笼，它们只会说，要想抓住合适的男人并与之相匹配，就不能大意不能懒惰，而要积极主动、态度坚定。

饮食失调

节食文化是一整套教义，它主张瘦也有道德价值，并将瘦与健康联系起来。然而，身体的外观和脂肪的数量未必总是与人的身心愉悦程度和健康挂钩。如今，越来越多的营养师和营养学家正在质疑这种文化，质疑基于热量计量的日常饮食，然而这种饮食方式风靡了整个20世纪。美国作家露露·亨特·彼得斯（Lulu Hunt Peters）的文章对此有不小的贡献，他在1918年出版了畅销作品《饮食与健康：热量是关键》（*Diet and Health: with Key to the Calorie*）。执着于计算

---

1 S. Bordo, *Il peso del corpo*, Feltrinelli, Milano 1997.

热量摄入量,而不是关注、照料自己的身体,留意食物的质量,往往会导致人们出现饮食失调,最终危害个人的身体健康和精神健康。

根据托德·塔克(Todd Tucker)所述,1944年,明尼苏达大学的研究人员招募了36个实验对象,全部是健康的男性,然后让他们接受了一项实验。研究人员有计划地让参与者在一年之内处于食物匮乏状态,之后又恢复了正常的饮食。这些人因体重大减,开始表现出以前从未有过的心理障碍:激动、紧张、混乱,与食物的关系也变得很不寻常,表现近似于强迫症。有些参与者整个后半生都与这种心理障碍相伴。[1]这是任何经历过热量限制的人都体验过的:焦虑、头脑混乱、难以顺畅地思考。实际上,在食物严重短缺的情况下,我们大脑中负责回应外部刺激的是最本能的那个部分。

尽管如此,很多人仍然觉得应该每天忍受饥饿,他们还会因为抗拒不了食物而产生虚弱感和挫败感。关于厌食症,劳里·彭尼讲述了她自己的经历,强调"厌食症和变漂亮的意愿没有关系。相反,我早就知道减肥会让自己变得又瘦又丑,但我就是想显得如此不堪"。[2]根据这位作者的说法,饮食失调引发了身体和心理层面的自毁,但这在某种程度上补偿了年轻女孩和成年女性在社会层面被剥夺的自主权。另外应该强调的是,在患有饮食失调的人群中,有

---

[1] T. Tucker, *The Great Starvation Experiment: The Heroic Men Who Starved so that Millions Could Live*, Free Press, Simon & Schuster, Inc., New York 2006.

[2] L. Penny, *Meat Market* cit., p. 39.

很高的比例不是异性恋或者顺性别[1]人士,这表明,饮食行为和一个人的身体在社会层面如何被看待密切相关。[2]

患厌食症的彭尼对人类所有的需求都感到厌恶——欲望、肉、食物、爱、性、工作、刺激,她认为这些都很危险,是让人不安的负面因素。对她来说,抗拒食物是一种停止欲望的训练。因此,找出饮食失调者背后那些扭曲的社会因素是非常重要的:"当你患上厌食症以后,世界会缩小到盘子那么大。你疏远了朋友和家人,忘掉了过去非常喜欢的音乐、书籍和政治议题,除了避免进食,你没法儿集中精力去做任何事。你告诉自己,没有什么比感觉到自己骨瘦如柴更能带来快乐的了,但是当你最终变得骨瘦如柴时,你已经失去了感知任何事物的能力。"[3]一旦你认为自己应该挨饿,一旦你认为自己不该在这个世界上占据空间,重新开始进食就变得非常困难。

正如万尼·科代卢皮(Vanni Codeluppi)在《橱窗化》(*Vetrinizzazione*)一书中指出的那样,从小社区过渡到大型城市,再一次改变了社会关系和自我认知。在原有的社会环境里,对人的识别是在一个相互信任的维度上进行的,哪怕他们之间存在差异。但是在城市,他人即陌生人,既不能信任对方,也不会被对方信任。[4]

---

1 性别认同与出生时的指派性别相一致的人被称为顺性别者,不一致的人被称为跨性别者,而那些不能被社会上任何传统性别描述所代表的人,被称为非二元性别者或酷儿。
2 据估算,患有饮食失调症的人里,有25%的女性和50%的男性不是异性恋。
3 L. Penny, *Meat Market* cit., p. 41.
4 V. Codeluppi, *Vetrinizzazione. Individui e società in scena*, Bollati Boringhieri, Torino 2021, p. 32.

现在的问题不是要对高贵野蛮人的神话进行现代化改造,也不是要把前工业社会理想化——它根本就不完美。我们要做的是认识到,这个变化过程颠覆了人类与自己、与他人相处的方式,催生了一些过去几乎不存在的现象。

体毛不属于女性

体毛生长在所有的身体上,然而只有女性的体毛被认为是肮脏、疏于打理和丑陋的。在传统欧洲绘画中,不画出女性身体上的体毛是一种非常顽固的惯例,因为正如约翰·伯格所说,体毛涉及性能力与性激情,唯有减弱女人的性激情,才能使观赏者感到他独占这种激情。[1]女性必须被观看,权力归于观看者。

实际上,时至今日,那些被描绘成体毛茂密、长着小胡子的女性,仍然被看作落后文化的受害者或者女巫。如果一个女人选择不脱毛,就会被认为不体面,或者有挑衅意味。然而,女性脱毛是一个非常晚近的习惯,它始于女性开始露出通常处于覆盖之下的身体部位。第一个关于女性脱毛的广告出现在1914年,接下来的那一年,吉列公司开始推销米拉迪女士剃刀,说它可以"解决一个令人尴尬的个人问题"。[2]社交媒体红人焦尔贾·索莱里(Giorgia Soleri)

---

1 J. Berger, *Questione di sguardi* cit., p. 57.
2 C. Hope, *Caucasian Female Body Hair and American Culture*, in «The Journal of American Culture», 5 (1), 1982, pp. 93-99.

也遇到了这种情况。前段时间,她在Instagram上发布了一些短视频,其中一段里,她穿了件运动服,腋毛清晰可见。这引发了法布里奇奥·科罗纳(Fabrizio Corona)的愤怒,他说他对一个一心追求知名度的激进时髦姑娘感到厌恶,因为她正要不惜一切代价将那副女性主义面孔变现。说到底,女性对自己身体做出的个人选择被随意赋予一种社会、经济和政治价值,甚至被视为一种人身攻击。女性的身体仍然是一个社会问题,连她们的体毛也不能避免。

美的神话是白色的

正如我们看到的,美的神话与"白色"的神话紧密相连:文明的身体是白色的,其他所有特征必须被驯化,因为它们是部落文化和动物性的标志。这种观点广泛存在于我们的头脑中。因此,并非偶然的是,美容市场——例如韩国护肤品市场——充斥着美白产品,仅此一项就在2020年创造了230亿美元的收入。

与白种人特征保持一致涉及多方面的细节。在韩国和其他东亚国家,打造双眼皮的整形手术非常普遍,这种手术就是要改变天生的眼皮结构,可见单眼皮被认为是一个需要纠正的错误。再举一个例子,人们认为头发必须厚实、长直、飘逸、有光泽,这导致天生卷发的人为了改变她们原本的发质,需要接受复杂、昂贵,有时会带来痛苦的治疗。在奇玛曼达·恩戈兹·阿迪契(Chimamanda Ngozi Adichie)的小说《美国佬》(*Americanah*)中,主人公伊菲麦露在她的博客上写到，在那种改造嘉宾容貌的电视节目里，如果有一个黑人女性天然的发质是蓬松的、螺旋形的、波浪状的或者卷曲的，改造时头发总会被拉直，而实际上，"一些黑人女性宁愿在街上裸奔，也不愿意在公共场合让人看到她们的天然发质"。伊菲麦露指出，这与不染发的白人女性完全不一样。她在帖子里总结："想象一下，米歇尔·奥巴马决定保留天然发质，顶着一团羊毛般的头发或者厚重的螺旋形卷发出现在电视上。（我们没办法知道她的头发本来是什么样子。一个黑人女性头上有三种不同发质并不罕见。）如果她这么做就太棒了，但可怜的奥巴马肯定会失去中间选民的选票，也会失去态度未定的民主党人选票。"[1]

2001年，美国发型师洛琳·马西（Lorreine Massey）出版了《卷发女孩》（*Curvy Girl*）。在那个年代，拉直头发是主流，正如恩戈兹·阿迪契讲述的那样，这种现状给卷发女性带来了伤害和羞辱，而这本小册子则论述了卷发的美丽和独特性。马西通过这种方式谴责了美国人的审美标准，替大量为自己的头发默默感到羞耻的人发声——这些人都试图隐藏起自己原本的发质，花费时间和金钱来改变它。[2] 在意大利，年轻的企业家埃弗利娜·阿法瓦（Evelyne Afaawua）也在做类似的努力，创立了卷发护理品牌——Nappy Italia。

白人很难意识到这些机制在多大程度上构建了他们的世界观，

---

[1] C. Ngozi Adichie, *Americanah*, Einaudi, Torino 2013, pp. 548-49.
[2] E. Accorsi Buttini, *La scienza dei capelli*, Gribaudo, Milano 2021.

对它造成了巨大的影响，因为他们很可能完全意识不到"蒙混"的存在——这指的是通过冒充白人来掩饰自己的身份。他们可能也意识不到肤色歧视，即在同一社会群体内肤色较浅的人对黑色和棕色人种的歧视。换句话说，当我们谈论美时，谈论的其实是错综复杂的权力关系——个人、家庭、社区和社会之间的权力关系，它很难被观察到，特别是当一个人生活在特权中的时候。这也许就可以解释为什么有一些小说能展示作者自身以外的故事——布里特·本尼特的《消失的另一半》就是这样的小说，它讲述的是两姐妹的故事，其中一个在成长过程中成功地冒充了白人——也能帮助理解"文明的身体"这个概念在多大程度上制约了那些天生不具备所谓正常特征的人。

美与跨性别女性

到目前为止，我们谈到的女性指的都是顺性别女性。然而，试着去了解跨性别女性和非二元性别者在面对美的神话时遭遇了什么，也非常重要。或者更确切地说，我们需要了解，一旦社会将目光投向这些人的身体，会发生什么。

当凯特琳·詹纳（Caitlyn Jenner）以跨性别女性的身份出柜时，美国人开始议论她的外表，其中既有积极的评价，也有消极的。而登上《名利场》的封面使她最终成为媒体的焦点。在那之前，人们的注意力原本都集中在他的事业、能力、金钱、著名的女儿以及前妻上。

可见,一个跨性别女性会立即成为客体化凝视的对象,但同时她又打破了对女性身体进行性化和客体化的性别系统,因为跨性别女性将人类身体的可变性和多重性置于视野中心,这些身体不遵循社会规范,还驳斥了二元性别论。[1]

那么,女性如果不是一种社会建构,又是什么?什么人可以被称为女性?因为乳腺癌而做了乳房切除手术的人算女性吗?——社会对她们进行了污名化,使她们觉得自己"不那么像女人"。那些接受过生殖器切除和改造的人、进入更年期的人、出生时没有阴道的人、没有宽大臀部的人、不孕不育的人、间性别的人,算女性吗?究竟什么是女性的身体?

跨性别女性群体为了让她们的身体得到社会、医学和法律的认可,一直在斗争;这与黑人群体的斗争不可分割,后者争取的是在生活的各个领域不做偏见和歧视的受害者;这种斗争也与顺性别女性的斗争不可分割,她们一直在推动医学界研究女性的痛苦和疾病,例如子宫内膜异位症,还有其他难以得到诊断和治疗的疾病。不管怎样,这种斗争都会颠覆原有的社会经济体系——它剥夺了人们对自己的身体做出选择和采取行动的权利,也剥夺了所有身体的尊严和权利。

说到底,并不是所有跨性别女性都采纳同样的性别符号(人们认为她们都化妆,头发总是梳得很好,都很优雅,这是一种刻板印

---

[1] 参考: C. Lalli, *Tutti pazzi per il gender*, Fandango, Roma 2016.

象），但这些符号确实是转变过程的一部分。跨性别权利活动家萨利·奥登（Sally Outen）认为：

> 一个人如果强烈渴望被识别为自己所认同的那个性别，自然会努力向交往对象展示各种符号，使这个被识别的过程更容易进行。但这个人不该因为各种社会符号而受到指责；如果我们要指责这个人，那么每一个使用同样符号的顺性别人士都必须以同样的方式被谴责。[1]

一些激进的女性主义者，比如朱莉·宾德尔（Julie Bindel），认为跨性别女性通过性别转换强化了性别刻板印象，而不是解构了它们。在现实中，正如克里斯蒂娜·伯恩斯（Christine Burns）指出的那样，跨性别者活生生地示范了性别特征是可变的、流动的，其中有许多细微的差异。劳里·彭尼认为："跨性别女性感到，她们被迫花很多钱，以便'被看作'女人，这种经验可以被视为父权资本主义下顺性别女性经验的一个升级版本。"[2]

事实上，为了被认作女人，体现其女性身份，跨性别女性所需的投入很可能超出顺性别女性的投入。如果你想以一个女人的形态出现，就必须承受更多。你必须配得上这种身份，必须持续证明自己有女人味。劳里·彭尼还写道：

---

[1] 萨利·奥登的声明可以在许多文章、论文和书籍中找到。R. Pearce e K. Lohman, *De/Constructing DIY Identities in a Trans Music Scene*, in «Sexualities», 22 (1-2), 2019, pp. 97-113.

[2] L. Penny, *Meat Market* cit.

跨性别人士为了被看作是"健康的"或者"适合手术的",竭力使自己符合性别刻板印象,这是顺性别女性与精神科医生打交道时同样会经历的事。被强迫住院的女人靠化妆打扮来表示"心理状态有所改善",是一种常规做法。¹

同样的情况也发生在非二元性别人士身上,他们无法将自己定义为我们文化中的两种性别之一,因此被社会视为奇怪的、不确定的生物。例如萨姆·布林顿(Sam Brinton),他是非二元性别人士,2022年2月接受拜登任命,进入美国能源部的核能办公室工作。在美国,由于布林顿的性别身份,该任命受到了保守派的严厉批评,而在意大利,各大报纸几乎以同样的方式报道了这一消息:变装皇后进入白宫。布林顿拥有麻省理工学院的核工程学位,创办了一家专门从事核废料管理和咨询的公司,是全球核废料处理策略方面的重要专家。然而,公众舆论并没有关注他的专业知识,而是集中讨论他的外表不够体面。《晚邮报》(Corriere della Sera)有篇报道分析了布林顿的着装,此文后来被修改过。在原始报道的结尾部分,我们可以看到这样一句话:"但是,他的履历是无可挑剔的。"² "但是"。尽管布林顿行为出格,他的能力还是得到了认可。

生活在指派性别之外,并不意味着不知道自己是谁,而是接受

---

1 L. Penny, *Meat Market* cit.
2 A. Muglia, *Sam Brinton, queer, ai vertici dell'Energia: l'ultima bufera su Biden*, in «Corriere della Sera», 18 febbraio 2022.

了自己必须背叛社会结构这一事实，以便自我发现、不断成长。

每种性别都有预设的角色形象，违背这种角色形象而被认为是异性装扮（gender bender）的做法也许不该是某些群体的专利，而应该是所有人的。各种未知和难以预见的欲望组成了人，一个人不可能对指派性别所预期的一切都感到舒适，很可能会发现自己不认同它，并且开始挑战规范。因此，背叛是一种由欲望催生的政治姿态，它代表着一些可能性：从刻板印象中解脱出来，拥抱自己生而为人的多样性。

第五章

美、时尚与老年

不久前，我在一百多人面前做了一场讲座，介绍一本关于数字化哲学的书。此外还有很多人在流媒体上观看。我一直专注于我们探讨的话题，但是有一部分注意力总是转向不舒适的衣服和我在现场和线上的形象。两个半小时里，我一直为袜子的拉扯和外套过紧带来的不适而烦恼，一直在担心衬衫会被拽起来，我还穿了高跟鞋，尽管脚很疼。我不得不小心避免频繁地移动身体和做各种小动作，因为这在观察我的人眼里会很明显，人们会怀疑我是不是出了什么问题。

到某个时刻，我意识到，和我同台的男人要轻松得多：他们穿着舒适的鞋子、宽松的衬衫和长裤坐在那里，并不担心身体占用太多空间。我一点儿都没觉得自己准备不足、能力不如他们，而且是我在抓演讲的主线，可我却感到不舒服。我的一部分心思在别的地方。

我经常被问，为什么在公共场合总穿黑色的衣服：因为这样一来我就不太容易分心去想搭配、想坐姿，不用担心自己在视频里是什么样子。这会节省大量的准备时间，还能帮助我在会议期间保持专注。然而，这并不意味着我选择的衣服能让自己觉得舒适，我仍总想预测自己在照片里、在人们面前的样子。换句话说，穿黑衣服只是为了避免风险和意外。

如果生活在一个只关注我说什么,而不关注我外表的世界里,我大概会穿着运动服和运动鞋去参加会议,花在挑选衣服上的时间会更少。

我们会感知到别人的凝视,这也可以解释为什么很多人在夏天不穿短袖或无袖衬衫,甚至会"全副武装"地去海滩。这种情况不仅出现在肥胖者身上,也出现在非常瘦的人和正常体重的人身上。多年来,我在海滩上一直裹着浴巾,而不会只穿泳装。这在多大程度上与羞耻有关,又在多大程度上与规训有关?

服装

穿着方式反映了权力关系。我们真的可以自由选择穿什么、怎么穿吗?我们经常认为自己是清醒的,可最终选择的服装仍导致我们不间断地控制自己的外表。

琼·J. 布伦伯格(Joan J. Brumberg)发现,越是允许身体的某些部位不被衣服遮盖,就越要求人们对身体进行控制:"从20世纪20年代开始,女性的腿和腋下就必须光滑无毛;上身必须纤细,乳房必须小而坚挺。"[1] 自我展示的自由实际上意味着对身体施加更强的

1　J. J. Brumberg, *The Body Project. An Intimate History of American Girls*, Vintage, New York 1998, p. 173.

控制,"这种要求不断增强,在20世纪末变得更加强大"[1]。

也正是出于这个原因,后来又出现了一些具有限制性的服装,也出现了一些课程教导我们注意身体的某些部位在运动时的样子。这类把戏不仅影响了成年女性,也影响到小女孩,因为它们是性别教育的一部分。密歇根大学的社会学家卡林·A. 马丁(Karin A. Martin)主持了一项研究,观察孩子们在幼儿园里做游戏的方式。他推断,衣服经常干扰女孩的行动自由,分散她们的注意力。这位社会学家认为,我们给女孩穿衣服的方式可能会导致她们在未来的日子里对自己进行身体监控的倾向。[2]

时尚、性别与尊严

在划定性别界限方面,时尚的贡献比我们想象中要大,首先,它将女性用品和男性用品区分开来。[3]女装和男装的明确划分起源于20世纪,但是直到19世纪,二者的区分还不是很严格,只要想想贵族的服装,还有对化妆品、假发、高跟鞋和颜色的使用就能知道。

---

[1] J. J. Brumberg, *The Body Project. An Intimate History of American Girls*, Vintage, New York 1998, p. 173.
[2] K. A. Martin, *Becoming a Gendered Body. Practices of Preschools*, in «American Sociological Review», 63 (4), agosto 1998, pp. 494-511.
[3] E. Wilson, *Adorned in Dreams: Fashion and Modernity*, Rutgers University Press, New Brunswick, N. J. 2003.

18世纪末,发生了一场天翻地覆的变化,此时恰逢法国大革命和资产阶级诞生:这个新的社会阶层不想再展示浮华、奢侈和富足,而要展示节制、速度、敬业和平等主义理想。因此,服装要简单、实用、功能性强。[1]

格奥尔格·西美尔(George Simmel)认为,女性和时尚之间的紧密联系始终来自性别的区隔:

> 历史上的大部分时间里,女性的社会地位都处于弱势,正因为如此,才诞生了一系列指向女性的约束关系:有关"习俗"的一切,"合乎时宜之事",通行的、受到认可的存在形式。实际上,弱者总是避免个体化,避免客观上依赖自己、承担自己的责任和满足自己的需求,避免用自己的力量保护自己……而站在惯例和平均、一般标准营造出的坚实地基之上去渴望认同和个性展示,相对来说有可能实现。时尚为女性提供了一对幸福的组合:一方面,这是个普遍互相模仿的领域……另一方面,这是一种区隔、一种强调、一种对性格的私人化装饰。[2]

这位哲学家认为,女性其实身处一个她们无法拥有权力的社会,哪怕她们很富裕也不例外。时尚则代表了一种表达权力的可能

---

[1] 为了快速浏览这个过程,我参考了以下资料:N. Brajato, *The Genderless Revolution: il nuovo maschile tra corpo e moda*, in «Bossy», 29 dicembre 2015.

[2] G. Simmel, *La moda*, Editori Riuniti, Roma 1985, pp. 36-37.

性，并确保了她们拥有一个创新、投射注意力和照护的空间，这是她们在别处无法获得的，而且在某种程度上，这补偿了女性在参与社会生活时遭受的歧视。虽然这种动态变化在人类历史上反复出现，但毫无疑问的是，反复试图推翻权力关系是资本主义制度下的产物。[1]

男性时尚

与此同时，男性的情况是什么？心理学家约翰·卡尔·弗吕格尔（John Carl Flügel）在《服装心理学》（*Psicologia dell'abbigliamento*）中写道，随着资产阶级的崛起，"男性不再追求最辉煌、最浮夸、最奇异、最精致的装饰形式，他们把这些权利完全交给了女人，从而使男性服装成为一种克制、朴素的艺术。从服饰的角度来看，这一事件应该被视为男性的'伟大让步'"[2]。

从那时起，男装就被缩减为几件单品和极其有限的几种颜色。服装的线条变得僵硬，因为必须以某种方式公开展示男性的意志和行动，展示他们行为的可靠性和他们的尊严。资产阶级的服装展示出一个真正的男人在这个世界上优雅而坚定地行动，是一套消除一切有冗余风险元素的男性符号。

---

[1] M. C. Marchetti, *Power dressing: donne e potere*, in A. M. Curcio (a cura di), *Le mode oggi*, FrancoAngeli, Roma 2015, pp. 131-33.
[2] J. C. Flügel, *Psicologia dell'abbigliamento*, FrancoAngeli, Milano 2003, p. 123.

然而，到今天，这一切对我们来说似乎已经变得"自然"和"正常"了。这就能解释无性别时装秀虽然越过了性别障碍，但在许多人看来是一种堕落或者挑衅，要知道，这种时装秀本可以变成一个重新讨论"伟大让步"的机会，呼吁每个人都有按照自己意愿穿着的自由，而不是服从那些与性别相关的约束。这也是一些男性害怕穿上某类衣服、戴上某些配饰、使用某些颜色的理由：他们认为这是"娘娘腔"，会危害他们的形象。

例如，2022年1月，在帕维亚、瓦雷泽、费拉拉、博洛尼亚、锡拉库萨和威尼斯等地的警察局，众多意大利警察反对使用一种原本要在工作时间佩戴的FFP2口罩，因为它们是粉红色的。警察自治工会（SAP）负责组织抗议活动，他们写信给警察局长兰贝托·贾尼尼（Lamberto Giannini），要求撤回这些口罩，因为粉红色口罩与"国家警察的制服不一致"。这种颜色被认为"不合适"，有可能损害警察机构的形象。[1]这个案例很有意思，因为它强调了与粉红色相关的"尊严"问题。而实际上，粉红色被认为是"女性化"的颜色只有一个多世纪的历史，源自一些购物中心主观地依据粉色和蓝色来划分婴儿用品。就连用彩色蝴蝶结来宣告婴儿出生的潮流，也可能源自一位博洛尼亚的助产士。[2]

埃莱娜·贾尼尼·贝洛蒂（Elena Gianini Belotti）在其经典作品《站在女孩这边》（*Dalla parte delle bambine*）中写道：

---

[1] Cfr. *Le mascherine rosa non le indossiamo, l'assurda protesta 'per il decoro' della polizia*, in «Il Riformista», 13 gennaio 2022.

[2] E. Gianini Belotti, *Dalla parte delle bambine*, Feltrinelli, Milano 2013, p. 42.

男孩的房间一般比女孩的房间布置得更严谨、更庄重。浅蓝色或明亮的颜色占据了主导地位，没有花卉壁纸，也没有过多的装饰品。女孩的房间更讲究，里面摆满了小饰品和小玩意儿，柔和的色调占主导，或者说是粉红色占主导。早在任何可以判定为男性化的行为（如攻击性、贪婪、活泼、焦躁、大声哭闹等）出现之前，就有必要用预定的颜色给小男孩打上标记，这是一种人人都能理解的符号，让人一眼就能辨认出他是男性。[1]

尺码的诞生

服装的尺码也是一项晚近的发明，那些身体不符合标准的人对此产生了不适、焦虑和愧疚等感受。由于预制成衣越来越普遍，这套尺码系统也随之发展起来。

在18世纪中叶之前，大多数衣服都是由裁缝制作的，比较贫穷的人则是在家中制作衣服，成衣仅限于水手制服、男式皮裤和其他用于战时的军官制服和士兵制服。然而，随着工业革命的推进，纺织品生产、机器的发展、基于劳动力的生产和流水线组装使得成衣

---

1 E. Gianini Belotti, *Dalla parte delle bambine*, Feltrinelli, Milano 2013, pp. 43-44.

制作成为可能，从而建立起一套与身体尺寸挂钩的分类系统。[1]

1820年左右，在美国的男装领域，成衣业蓄势待发。裁缝们也很快开始积攒大量的男性成衣。[2]短短几年间，大型卖场和批发公司纷纷涌现，可以迅速为小型零售店供货。到1840年，越来越多的成衣被生产出来，特别是那些很难在家中缝制的衣服，如斗篷和女式紧身胸衣。[3]

1870年至1880年间，产品销售目录广泛传播。男装几乎完全是成衣的天下了，在女装领域，成衣的发展相对缓慢，一直到1910年左右。

最开始，成衣的尺码可以根据合身程度进行修改和定制，改动的费用已经包含在其价格中，这样，服装就有了一个比较简单的制作基础。经过反复尝试和试错，每家制造商都建立了自己的尺码系统，然而到1888年底，大型百货公司奥尔特曼的产品目录里，已经只剩下适合"正常体型"女性的衣服了。在很长一段时间里，他们一直使用一套按年龄（12至20岁）和胸围划分的尺码系统。

根据 *The Cutter Up* 杂志的报道，在19世纪末，西尔斯连锁百货公司的产品销售目录提供了39种女性尺码（从32到44不等，分为三

---

1 C. B. Kidwell e M. C. S. Christmas, *Suiting everyone. The democratization of clothing in America*, Smithsonian Institution Press, Washington D.C. 1974.
2 W. Aldrich, *History of Sizing Systems and Ready-to-Wear Garments*, in S. P. Ashdown, *Sizing in Clothing. Developing Effective Sizing Systems for Ready-to-Wear Clothing*, Woodhead Publishing Limited, Cambridge 2008, pp. 1-56.
3 S. P. Ashdown, *Designing Apparel for Consumers*, Woodhead Publishing Limited, Cornell University, New York 2014, pp. 20-21.

种体型,分别是瘦小、普通和偏胖)。到1966年,同样是西尔斯百货的目录,就只提供了20种尺码,依据身高和体型分为四个类别,而杰西潘尼连锁百货公司在1967年只展示了7种不同的服装尺码。

为什么会出现这种变化?原因是在20世纪20年代和30年代,人们意识到,修改尺码意味着巨大的生产成本,也意味着将面临存留大量未售出货物的风险。因此,在有限的尺寸范围内生产相同数量的服装会更加方便。所以有必要开发一些尺码,使之适合尽可能多的客户。[1] 到了20世纪50年代和60年代,仍然有可能在商店里修改服装,但费用往往不包括在购买服装的价格里。换句话说,那些拥有非标准身材的人,实际上已经开始付出代价了。在这之后不久,改制衣物的服务开始从大型卖场里完全消失,因为这是无利可图的工作。时尚周期必须实行快速、实用、标准化运转。

整个服装行业都建立在这个基础之上,特别是快时尚行业,也就是基于超快速生产和消费周期的时尚行业,它往往依赖低质量的原材料和对自然资源和劳动力的剥削。[2] 结果很清楚:如果说在19世纪改制一件成衣是种常规操作,那么在今天,当我们进入试衣间试穿一件衣服时,一旦意识到它不合身,就会立即认为是自己错了,认为自己拥有一具不正常的身体。

1939年,《时代》杂志报道了美国农业部为规范女装所做的努力,起因是美国服装制造商认为,没有固定的尺码会导致他们每年

---

[1] I. Jeacle, *Accounting and the Construction of the Standard Body*, in «Accounting, Organizations and Society», 28, 2003, pp. 357-77.

[2] Consiglio a questo proposito la visione del documentario di Andrew Morgan, *The true cost*, 2015.

损失上千万美元。[1]露丝·奥布莱恩（Ruth O'Brien）和威廉·谢尔顿（William Shelton）从15,000名女性身上的59个不同点位收集数据，以便定义"普通美国女性身材"。这样做的目的是找出不同尺寸之间的比例关系，它能够被大范围应用，建立起一套简单的、标准化的尺码系统。然而，由于拿到的经济补偿过少，他们几乎只测量了贫穷的白人女性，其中大部分人都非常瘦。另外，测量和分析的方式也并不一致（一些人站着，另一些人坐着）。测量主要基于躯干的尺寸，因为当时他们的想法是女性都有沙漏形身材。自然，这样的样本并不能代表全国平均水平。

20世纪40年代末，美国邮购协会决定在国家标准局的帮助下再次进行测量和分析（该协会代表了主要的目录邮购企业）。这一次他们以曾从事航空服务业的女性作为模特，她们显然也不能代表普通美国女性的身材。1958年，美国国家标准局出版了《制定女装款式和服装尺寸的身体测量方法》（*Body Measurements for the Sizing of Women's Patterns and Apparel*），目的是为女性消费者提供一种判断自己体型和尺码的方法，无论衣服是哪种类型、来自哪家服装制造商。女性的尺码从8到42不等。一个8码的女性，胸围为78厘米，腰围为60厘米，体重为44千克。[2]

政府于1970年再次更新了这些标准，但是越来越明显的是，许多女性都被排除在外，首先是那些非白人女性。因此，这些指导标

---

[1] Cfr. *Women: No Boondoggling*, in «Time», 25 dicembre 1939.
[2] Ch. Ingraham, *The Absurdity of Women's Clothing Sizes, in One Chart*, in «The Washington Post», 11 agosto 2015.

准很少有人遵守，直到1983年，该尺码标准被撤销，制造商可以自由规定他们认为合适的尺码。[1]在1958年相当于12码的尺寸（即欧洲42码和意大利48码），到了2011年被重新定义为6码（即欧洲36码和意大利42码）。2011年《纽约时报》上的一张图表显示，不同服装设计师的8码，腰围尺寸可以相差12厘米之多。[2]

虚荣尺码

如今，商店依据各自的喜好来创造尺码，而且往往在同一家店里也会出现不同的标准。有时候人们认为，减小尺寸可以节省布料，但完全相反的情况也同样存在。例如，在20世纪90年代，虚荣尺码开始流行，这指的是改变服装尺码以满足顾客的虚荣心。换句话说，几十年来，衣服对应的尺码在逐渐变小：20世纪80年代，70厘米的腰围对应的是44码，而在今天，则对应42码。

这种操纵源于一个事实：时尚行业很清楚，当人们觉得自己不正常或者太胖的时候会发生什么，所以它急于避免这一点。如何避免？不是让所有的身体正常化，而是操纵人们的虚荣心：不是增加尺码、创造出更大的46码、48码，而是允许46码的身体穿进44码的衣服，只要改变标签就可以了。这样，你就会感到自己"正常"

---

1 Cfr. L. Stamper, *The Bizarre History of Women's Clothing Sizes*, in «Time», 23 ottobre 2014.
2 Cfr. *A Different Size 8 for Each Designer*, in «The New York Times», 24 aprile 2011.

了，然后一直从这里购买服装，买得还更多。这样做的目的是让你穿上比平时的码数更小的衣服，从而激发出一种情绪反应：一种满足感。

很多身体仍然被排除在虚荣尺码之外，原因是体形、肥胖或残疾；但是，导致尺码越变越小的推力，恰恰是为了掩盖美的神话：如果我符合"正常"尺码，就会觉得自己是个"正常"人，不用再担心不符合标准。相反，尺码带来的虚荣可能还会促使我嘲笑比我胖的人，因为符合标准会让我感到自己是文明的。[1]

如今，这些度量标准的荒谬性又有新体现：美国的尺码逐渐降到了0码以下。0码或者00码的概念似乎在暗示，为了美丽，女性应该占据尽可能少的空间。码数越低，自我评价就越高。瘦已经成为一种魅力，但正如我们看到的，情况并非一直如此。[2] 人的身份和价值有可能会与一个尺码挂钩，然而除了这种风险，这套评价体系最大的问题是，它基于的是一种完全任意的、可变的测量方式（尺码）。

毕竟，全世界的杂志除了报道明星的体重什么都不做。广告、杂志和电视所传达出的女性瘦身理想远没有改变——这些年来，美的偶像变得越来越瘦了。一些研究分析了美国黄金时段播出的主要

---

[1] A. E. Farrell, *Fat Shame* cit., p. 353.
[2] M. Triffin, *Vanity Sizing: The Insanity of Size 0*, in «Cosmopolitan.com», 12 novembre 2009.

情景喜剧，结果表明，绝大多数女主角都体重不足。[1]

关于减肥的书籍不断问世；电视节目中，肥胖者为减掉更多体重而竞赛；人们年复一年地谈论夏季到来前的减肥大计。由于大脑不断受到此类信息的刺激，我们越来越重视体形和尺寸。然而，这和发生在我们身体上的真实变化恰好相反：也许正是因为这种对标准的执念，人类的服装尺寸和平均体重一直在增长。

42码的专制

摩洛哥作家、社会学家法蒂玛·梅尔尼西（Fatema Mernissi）很好地描述了女性在尺码问题上的异样感受，她的研究对消除有关伊斯兰教文化的诸多偏见非常重要，也提供了一种外部视角，让人们可以对"西方"社会公共领域中的性别关系进行新的观察。

在其著作《后宫与西方》（*L'harem e l'Occidente*）中，梅尔尼西讲述了这样一件事：在美国的一家百货公司，她决定买一条棉质裙子，却被告知她的臀部太宽，不适合穿42码的裙子，而且店里也没有适合她的裙子。[2] 店员向她解释说，40码和42码是标准尺寸，像她需要的这类"非正常"尺寸只能在专门的商店里买。梅尔尼西第

---

[1] G. Fouts e K. Burggraf, *Television Situation Comedies: Female Weight, Male Negative Comments, and Audience Reactions*, in «Sex Roles», 42 (9-10), 2000, pp. 925-32. Id., *Television Situation Comedies: Female Body Images and Verbal Reinforcements*, ivi, 40 (5-6), 1999, pp. 473-81.
[2] F. Mernissi, *L'harem e l'Occidente*, Giunti, Milano 2009, pp. 163-71.

一次听说这种事,因为在摩洛哥,她的臀部被认为非常美丽:"在那之前,我的臀部代表了一种放松的、不受拘束的成熟美,现在却突然被斥为畸形。"举例来说,在摩洛哥并不是没有关于面部美的标准,但人们的身体并不需要符合某种确切标准。

这个插曲对法蒂玛·梅尔尼西的影响很大,因为它揭示了一种对身体的评判。她以前从没料到这种情况,因为从小到大她都把美与一种精神状态联系在一起,没觉得它与尺寸相关:"会有几天早晨我感觉自己很难看,因为我很累,或者不太舒服,其他时候我都感觉自己很漂亮,可能因为天气晴朗,或者因为写了一段不错的文字。"[1]

如果想在美国找到一条像样的裙子,梅尔尼西就必须缩小她丰满的臀部,以适应42码。然而,这将迫使一个健壮的女人不断禁食:"不准吃东西,不准大吃丰盛的塔金菜(一种将肉和蔬菜放进陶罐在火上慢炖几小时的菜),这绝对是麻痹我思考能力的最佳手段。"梅尔尼西得出结论:西方人所追求的美的形象不仅会对女性造成身体上的伤害,也对她构成一种羞辱,这并不亚于伊朗、阿富汗或者沙特阿拉伯等国家强加的面纱。这种服从取决于男性权力,因为对服装、时尚、化妆品和内衣行业的控制是由男性主导的:定义"普通美国女性身材"的资本家、经理甚至统计学家都是男性。在摩洛哥,情况与此相反,梅尔尼西自己设计衣服,最多也只是和其他女性一起讨论。这是她自己的事。她购买布料,请一个女裁缝

---

[1] F. Mernissi, *L'harem e l'Occidente*, Giunti, Milano 2009, pp. 163-71.

缝制，这位裁缝每次都会给她测量尺寸。

因此，梅尔尼西以她一贯的讽刺笔法结束了这个故事："当我坐在巴黎和卡萨布兰卡之间的航班上，开开心心回家时，我反复对自己说：'感谢你，安拉，让我免受42码的后宫暴政。'"[1]

如果说，像《穿普拉达的女王》这种描绘整个时尚行业的电影会显得极端和夸张，那么就必须指出，在这个行业里工作的人也有类似的立场。例如，时装设计师罗伯·赞加尔迪（Rob Zangardi）就曾表示，如果明星符合模特的样板尺码，他们就能更容易地借到设计师款服装，在红毯上穿。荒唐的是，为了适应这种标准，许多名人身材的尺码变得过小，甚至连样板尺码对他们来说都太大了。[2]

法国哲学家皮埃尔·布迪厄（Pierre Bourdieu）写道：

> 男性统治将女人变成象征客体，其存在(esse)是一种被感知的存在(percipi)，所以男性统治的作用是将女人置于一种永久的身体不安全状态，或更确切地说，一种永久的象征性依赖状态：她们首先通过他人并为了他人而存在，也就是说作为殷勤的、诱人的、可用的客体而存在。人们期待她们是富有"女人味儿的"，也就是说微笑的、亲切的、殷勤的、服从的、谨慎的、克制的，甚至是平凡的。而所谓的"女性特征"通常不过是一种迎合男人真实或假想期待的形式，特别是在增强自我

---

1 F. Mernissi, *L'harem e l'Occidente*, Giunti, Milano 2009, pp. 163-71.
2 M. Triffin, *Vanity Sizing: The Insanity of Size 0* cit.

方面。所以，对别人（不仅仅是对男人）的依赖关系渐渐变成她们存在的组成部分。¹’²

这不仅影响到个人身份，也构成了一个政治问题："怎么才能组织起一场可信的政治游行，在街上高喊你的人权被侵犯了，而起因仅仅是找不到一条适合你的裙子？"³

时间武器

梅尔尼西在她的书中强调尺码的话语不仅与胖瘦有关，还与年龄有关。事实上，正如我们看到的，在很长一段时间里，服装尺码是基于女性的年龄来编排的，起于12岁，止于20岁。根据梅尔尼西的说法，西方的后宫暴政利用了一种更隐蔽、更危险也更精妙的武器，它没有那么明显，而且更容易流动，它就是时间："这么做的用意是：消耗时间的西方女性随着年龄的增长，获得经验，变得成熟，然后被时尚教主们宣判为丑陋。"⁴

一旦女性的美被定格在一段理想化的童年时期，女性就会将年龄视为一种"可耻的贬值"。这是一种相当复杂的暴力，因为它伪

---

1 P. Bourdieu, *Il dominio maschile*, Feltrinelli, Milano 2014, p. 101.
2 此处译文引自《男性统治》，皮埃尔·布迪厄著，刘晖译，中国人民大学出版社，2017年版。——译注
3 F. Mernissi, *L'harem e l'Occidente* cit., p. 171.
4 F. Mernissi, *L'harem e l'Occidente* cit., p. 171.

装成一种审美选择，实际上却将衰老视为女性无用的象征："西方男人将聚光灯照在青春期之前的女性身上，借此给年龄更大的、与我同龄的女性蒙上面纱，将她们包裹在名为'丑'的罩袍里。这个想法让我不寒而栗，因为它把无形的边界变成了直接印在女性皮肤上的标记。""西方男人操纵时间和光线。他们宣称，对一个女人来说，美就是表现出14岁时的样子。如果你敢于以50岁的面貌出现，抑或更糟糕的60岁的样子，你就不会被接受。通过将聚光灯照在儿童化的女性身上，并将其装入画框充当美的范本，男人使成熟女性变得不可见了。"

衰老与年龄歧视

人们向来很少谈及女性年老时的景况。换句话说，对于所谓的青年主义，或者我们现在所说的年龄歧视，总是少有人提及。这种真实存在的罪责总被归咎于年老女性，因为"青春之美的死亡被看作女性的死亡"。这是洛雷达纳·利佩里尼（Loredana Lipperini）在《不适合年老女性的国度》（*Non è un paese per vecchie*）一书中提到的。就好像女性一旦变老，体内就携带了一些腐烂的东西一样。不再受生殖功能束缚的女性反而成了死亡的象征，于是她们有了罪过：用自己的身体召唤了21世纪最大的禁忌。[1]

---

1 L. Lipperini, *Non è un paese per vecchie*, Bompiani, Milano 2020, p. 129.

此外，如果说美的神话导致女性相互对立，那么将衰老视为社会耻辱，就把这种激烈的凝视正当化了。利佩里尼还写道："随着年龄的增长，女性会非常愿意去评估别人的衰老有多糟糕，无论这种糟糕该归咎于肉毒杆菌注入过多，还是归咎于邋遢。"[1]

杂志上仍然充斥着讲述到了一定年龄以后怎么梳头发、怎么穿衣、怎么化妆的文章。哪怕是在前几年，如果一个女人决定留白发，仍然会被视为一桩丑闻。现在，对白发的道德评判正在发生变化，这主要归功于好莱坞明星倡导的"头发自爱运动"（#hairpositive）和"银发时代运动"（#silverera）。

安迪·麦克道尔（Andie MacDowell）就是这种情况。2021年7月，在戛纳电影节的红毯上，她涂着鲜艳的珊瑚色口红，脸上没有任何动过手术的痕迹，浓密的头发也一如往常，但这一次完全变成了灰白色。不少人对麦克道尔的选择感到高兴，认为这是对刻板印象的一次打破，但是在意大利，对此却不乏表达蔑视甚至厌恶的评价。

几周后，麦克道尔出现在《佐伊报告》(*The Zoe Report*)杂志封面上。她解释说，大流行病刚暴发的那几个月，也就是2020年春天，她决定不再染发。这条消息的悖论点在于，在超过三十五年的时间里，麦克道尔一直是欧莱雅染发剂的全球代言人。除了她，支持优雅变老理念的女演员和明星似乎越来越多。麦克道尔对采访她的记者说："我认为女性已经厌倦了你没法儿既变老又变漂亮这个

---

[1] L. Lipperini, *Non è un paese per vecchie*, Bompiani, Milano 2020, p. 10.

说法……男人变老,我们还是继续爱他们。我想像男人那样。我确实想保持美貌,但不想为了这个毁掉自己。"这是一种关于美的理想,也是一种为了不"毁掉自己"做出的努力。在这个例子中,能够毁掉她们的要么是时间,要么是整形手术。事实上,这位记者在文章的开篇就说:"她闪闪发光,不是作为一个面色红润的少女,而是像一个刚刚走下奥林匹斯山的伟大人物。"[1]

可见,安迪·麦克道尔仍然是女神,哪怕她满头白发。对普通女性来说,她仍代表着一种理想化的、没法儿实现的模式。在杂志专题里,穿着合身的华伦天奴衣服的安迪·麦克道尔,真的被身材标准困扰了吗? 2006年,时装设计师瓦伦蒂诺·加拉瓦尼(Valentino Garavani)曾对那些没法儿接受自己不能再像16岁时那样穿着打扮(例如穿迷你裙)的女性发起抨击:"不幸的是,如今我们到处看见50岁的人试图让自己显得像是20岁。她们的脸是陶土色的,戴着成吨的黄金,拿着刺绣的包,穿着雪纺衣服。这是真正的灾难。你必须懂得如何变老,必须去反抗把你变丑的时尚。"[2]

这种说法让年纪渐长的女性感到害怕:如果我要显得年轻,就不能显得可笑,怎么才能找到恰当的分寸?正如西蒙娜·德·波伏瓦在《论老年》(*La terza età*)一书中所写:"年长的人在年轻人眼里就像讽刺漫画:年轻的总喜欢嘲弄年长的,借助笑声与他们划清界限。我曾在纽约的包厘街看到,在那家著名夜店,80岁老妪在唱歌

---

[1] L. Mechling, *The Silver Era of Andie MacDowell*, in «The Zoe Report», 15 settembre 2021.
[2] Citato in L. Lipperini, *Non è un paese per vecchie* cit., pp. 9-10.

跳舞，掀起她们的裙子，观众笑得前仰后合：这种笑声究竟是什么意思？"[1]

于是，美的神话就成了一种越来越专横的义务。因为在当下，变老不再是旧日的禁忌，长出白发似乎也能得到赞赏，那么人们就必须懂得如何变老。你必须有尊严、有风度地老去，这样才不会成为嘲笑的对象。如果你不想为自己的身份感到羞耻，就必须学着如何变老。

这还没完：等你到了五六十岁，还得证明自己正处于一个令人兴奋的新阶段。你必须重新发现自我，重新开始，重新焕发生机，永远给人新鲜活跃的感觉。你必须呈现出"年轻10岁的样子"，同时还得表现出"50岁的妙不可言"。[2] 你必须展示出生命力和快乐，而这一切都要通过一具精力充沛、苗条、敏捷、柔韧的身体来实现。你可以开始一项新的活动，走上一条新的道路。在为别人奉献了几十年之后，你要照顾好自己，因为孩子们终于长大了，丈夫也变得和你疏远了，你完全有权利再一次坠入爱河。

在这方面，值得一读的是20世纪80年代末埃莱娜·贾尼尼·贝洛蒂在《爱与偏见》(*Amore e pregiudizio*)中所写的内容：

> 人们赞美成熟女性的吸引力，意味着年龄仍然是判断、评价和欣赏她的标尺……如果说50岁的女人被美化了，那么这

---

[1] S. De Beauvoir, *La terza età*, Einaudi, Torino 2008.
[2] C. Walden, *Quintastic: 50 is the New 30*, in «The Telegraph», 28 gennaio 2010.

不是因为与女性年龄相关的律条起了变化，而是因为50岁的女人发生了变化。人们赞美她们的吸引力时，隐晦地拒绝接受一个作为女性的人，因为这个人的脸、身体、大脑、心脏都只是从属于她的美学外观。在我们这个时代，夸张的形象崇拜非常典型，这种崇拜试图通过反复展现一种永恒不变的青春，来摒除衰老、颓废和终结，而这种所谓的青春是藐视时间的，给人以战胜死亡的幻觉。意外的、偶然的和暴力的死亡形象被到处展示，生命周期结束的正常死亡却被小心地隐藏、移除……童话里的仙女和女巫，以及美丽—青春—善良与丑陋—年老—邪恶之间的对比，仍然是集体想象的一部分。[1]

换句话说，"人们不会对五六十岁的女人说，她们仍然可以去做她们作为人做过的事，人们只会说，她们可以继续过性生活，可以借助必要的辅助手段，让自己的身体保持有活力和完美"[2]。前提是，不要提醒我们人会死、身体会腐烂、存在只是短暂的。变老的女人、没能保持有活力和完美的女人仍然是丑女巫，拖着一头过长的头发，缺少吸引力。人们会对这种女人说，你只不过是想喋喋不休多管闲事，想教我们应该怎么生活。他们认为，年老的女人不可以拥有智慧，只有宣称自己恋爱时感觉焕然一新、胃里像有蝴蝶翻飞，才会被人们接纳。白雪公主的恶毒继母只要向我们证明她拥有

---

[1] E. Gianini Belotti, *Amore e pregiudizio*, Mondadori, Milano 1988.
[2] L. Lipperini, *Non è un paese per vecchie* cit., p. 140.

神圣的美，就可以一辈子都当王国里最美的女人，再也不用把白雪公主视为威胁。

隐形的女性与更年期

安迪·麦克道尔仍然想要光彩照人，仍然要做女神。她的白发是一种释放，但这真的代表对旧体系的颠覆吗？2020年5月，萨尔玛·哈耶克（Salma Hayek）在她的Instagram个人主页上发布了一张展示白色发根的照片，标题是"为你的根而骄傲"（be proud of your roots），凭借"根"（root）的双重含义，她真的把我们从美的神话中解放出来了吗？

在《诡镜》（Trick Mirror）一书中，作家吉亚·托伦蒂诺（Jia Tolentino）也提出了类似的疑问。她质疑的是，明星打破禁忌是否能够帮助普通女性摆脱美的神话："知名女性的生活是由知名度、金钱和权力的指数级飞跃决定的，而普通女性的生活基本被琐碎的事情支配：阶层、教育、不动产市场、工作实践。"[1]

托伦蒂诺特别提到了金·卡戴珊（Kim Kardashian），后者在怀孕期间增重不少，但她继续穿超高跟的鞋和超短的衣物，因此受到了激烈批评。这位加拿大作家还说了一些让人不安的话，但这些话值得我们反思："确实，全世界都告诉金·卡戴珊她怀孕怀过了头，

---

[1] J. Tolentino, *Trick Mirror*, NR, Pescara 2020, p. 229.

另外也'太胖、太肤浅、太虚伪、太有曲线、太性感'。这种监督反映出人们对她的成功和权力怀有一种厌女式的焦虑。但并不是说,哪怕有这些问题,金·卡戴珊仍然出名、强大。相反,恰恰是因为这些事情,她才会出名和强大。肤浅、虚伪、有曲线和性感都很适合她。"[1] 勒妮·恩格尔恩在《美之狂热》(*Beauty Mania*)中写道:"金·卡戴珊发布性感自拍照并不是为了取悦我们;她是在建立和巩固她的品牌,以便获得更多的客户。"[2]

我并不相信以上描绘的细节可以将种种侮辱合理化,这些侮辱不仅指向卡戴珊,也指向其他任何在社交媒体上展示自己的女性。更何况,我们稍后将会看到,美的牢笼从不留情,它同样伤害了像埃米莉·拉塔伊科夫斯基(Emily Ratajkowski)和黛米·摩尔(Demi Moore)这些美丽的、令人羡慕的女性。然而,提出这个(本节第一段结尾的)问题可以促使我们去观察社会系统的一个重要方面。

在这方面,安妮·海伦·彼得森(Anne Helen Petersen)讲述了有关麦当娜的典型案例。彼得森认为,麦当娜以一种极端的方式接受并实践了对健身和性的崇拜,"确认了人在超过社会公认合适的年龄后仍有成为性对象的权利"。[3] 然而,麦当娜并没有提出"所有五六十岁的女性都有这种权利。相反,她认为'像她一样的女性'

---

1 J. Tolentino, *Trick Mirror*, NR, Pescara 2020, p. 232.
2 R. Engeln, *Beauty Mania* cit.
3 R. Engeln, *Beauty Mania* cit. p. 232.

才有这种权利"。[1]

因此,托伦蒂诺认为:"从其定义来看,这种对规则的破坏只在优秀个体的层面上运作。它不是为进入日常生活而设计的。"[2] 这和南希·弗雷泽(Nancy Fraser)关于性别平等的论点很相似:那些接受了资本主义体系,因而获得高层职位的女性——比如Facebook的谢丽尔·桑德伯格(Sheryl Sandberg)——正在为她们自己改变一些事情,但并没有真正颠覆这个体系。还有另外99%的女性,我们必须为她们的权利而斗争,让这些普通的、隐形的女性能够改善处境。[3]

其实近些年来,对那些不能以优雅的、有尊严的姿态老去的人,人们的看法并没有改变。我们越来越多地谈到月经,但仍然很少谈起绝经的影响。之所以会这样,是因为育龄期的终结是一个应该远离、移置的过程。在这个时间点到来之前,没必要去关注它,正如对待死亡一样;当它到来的时候,人们就会试图"逃跑",来躲避有可能降临到身体上的灾难。月经的结束被视为生育能力的丧失,令人恐惧,因为它意味着女性不能再履行她们的主要社会职能了。"在其他国家,这会让她们获得智者的地位和更大程度的自由,但在富裕国家,绝经这件事仍然是不可见的。"[4]

利佩里尼写道:"到了今天,年老女性的身体不再是自己的亲

---

[1] A. H. Peterson, *Too Fat, Too Slutty, Too Loud. The Rise and Reign of Unruly Woman*, Plume, New York 2017.
[2] J. Tolentino, *Trick Mirror* cit., p. 232.
[3] N. Fraser, C. Arruzza e T. Bhattachraya, *Femminismo per il 99%*, Laterza, Roma-Bari 2019.
[4] C. Flamigni, *Il grande tabù delle donne. Come affrontare senza timori la menopausa*, Mondadori, Milano 2004.

密朋友，而施虐欲已经四处泛滥。这种狂轰滥炸从幼儿园开始就一直存在于女性的生活中，在她们50岁以后，又达到一个歇斯底里的巅峰。女性杂志展示着越来越年轻、越来越不真实的身体，从而加剧了读者惯有的精神分裂——一方面是赞颂第二春的聒噪文章，另一方面又用各种图像展示人生的第二个黄金时代有多难实现，哪怕付出了刮脸、涂抹、匀净、保湿和滋养的代价。在必要时，还得切除。"[1]

衰老并不是真正的焦点，因为它并没有得到展示，而且一个50岁的女人要是不更新自己，仍然会被认为不够好。她没有做好自己的工作，不具备美的专业资格。

如果她试图讲述这种情况，就会被再一次告知，现在感受到的压力只是她自己的弱点，是一种她能察觉，但实际上并不存在的东西。或者说，是一种已经不存在的东西。

哪怕成了老妇人，她也还是会听到这番已经对她讲了一辈子的话。

---

[1] L. Lipperini, *Non è un paese per vecchie* cit., p. 130.

第六章

当美变成疾病

对美的渴望和对自己身体缺陷的执念往往被看作女性的弱点。你应该学会无视别人对你说的话，因为如果它触动了你、影响了你，就意味着你内心还不够强大。你应该把自己从获得认可的需求里释放出来，把不适感归咎于外部压力。

在你发布的照片下写"母猪"的人，或者当你走在街上的时候对你喊"胖女孩"的人，都应该被无视。你把它们当真了，你重视那些侮辱，错的就是你。

这些话连我们自己也信，到最后我们会觉得自己很懒惰、很贪心、很不自律，于是我们会感到双倍的自责：既不够美，内心也不够强大。

对身体的不满

无数研究表明，女性在身体管理和美容措施方面投入的精神资源远多于男性。1998年，艾伦·范戈尔德（Alan Feingold）和罗纳德·马泽拉（Ronald Mazzella）推测，女性的饮食失调情况越来越普遍，是因为她们对身体的不满越来越强烈。为此，他们分析了过去50年间的222项研究，发现对自己的身体形象观感不佳的女性数量急剧增加。大致来说，他们得出的结论是，在"对身体的不满"这个问题上，性别差异已经存在了几十年，而且情况还在继续恶化。[1]

尽管近几十年来，女性的受教育水平和专业水平比以往任何时候都高，但这种情况仍然存在。这似乎证实了沃尔夫在20世纪90年代提出的论点：女性越是有学习的机会、越是有自我认同，对自己身体的评判就越苛刻，外表承受的社会压力也越大。

20世纪初，勒妮·恩格尔恩在芝加哥洛约拉大学攻读博士学位期间，进行了一系列早期研究。她要求100名女生依据社会标准设想一个理想女性的形象，并加以描述。接下来，恩格尔恩让这些女生想象，假如她们也有同样的身体特征，生活会起什么变化。会有什么不同呢？超过70%的女生说，人们对待她们的态度会更好。[2]

自我客体化理论

1997年，芭芭拉·L.弗雷德里克森（Barbara L. Fredrickson）和

---

[1] A. Feingold e R. Mazzella, *Gender Differences in Body Image Are Increasing*, in «Psychological Science», 9 (3), 1998, pp. 190-95.
[2] R. Engeln, *Beauty Mania* cit., p. 35.

托米-安·罗伯茨（Tomi-Ann Roberts）提出了客体化理论。[1]根据该理论，相对于男性身体而言，女性身体经受评判和观察的程度更深，而且女性身体被视为客体。换句话说，女人没有被视为有思想、有感情、有欲望的人，而首先是被视为性对象。她们的身体被分割成碎片，由男性凝视定义。

这两位学者证实了西蒙娜·德·波伏瓦在《第二性》(Il secondo sesso)中提出的洞见。她这样写道："女人是由男人决定的，除此之外，她什么也不是；因此，人们把女人称为'性别'。意思是说，在男性看来，女性本质上是有性别的、生殖的人：对男性而言，女人是'性别'，因此，女人绝对如此。女人相较男人而言，而不是男人相较女人而言确定下来并且区别开来；女人面对本质是非本质。男人是主体，是绝对，而女人是他者。"[2,3]

正如基娅拉·沃尔帕托（Chiara Volpato）所写，在西方社会，"女性的身体经常被简化为性对象，在某种庞大的举隅法中被最小化，其中一个局部足以指明整个人，从而使她丧失自己心理—身体的完整性。"[4]由此可见，社会感兴趣的首先是女性的身体是否可以被接受、是否符合要求，然后才会关心占据这个身体的女性是谁、在

---

1 B. L. Fredrickson e T. A. Roberts, *Objectification Theory: Toward Understanding Women's Lived Experiences and Mental Health Risks*, in «Psychology of Women Quarterly», 21 (2), giugno 1997, pp. 173-206.

2 S. De Beauvoir, *Il secondo sesso*, il Saggiatore, Milano 2012, pp. 14-15.

3 此处译文引自《第二性》，西蒙娜·德·波伏瓦著，郑克鲁译，上海译文出版社，2014年版。——译注

4 C. Volpato, *Deumanizzazione. Come si legittima la violenza*, Laterza, Roma-Bari 2011.

想什么、想要什么、知道什么、想达成什么目标、发展什么技能。

生活在一种将女性身体当作性对象的文化中，会导致女性也以同样的方式感知自己，将外部观察者的视角内化为对身体自我的主要看法。也就是说，从客体化发展到自我客体化。这个过程会导致女性习惯性地监控（或监管）身体，引发其对自我的羞耻感和厌恶感，导致其陷入焦虑状态和与外表相关的负面情绪，进而导致她们放弃工作和重要的个人机会，放弃有意义的经历。这种态度会对女性的心理健康产生影响，可能导致单相抑郁症、性功能障碍和饮食失调。实际上，它对女性产生的影响要比对男性大得多。

如果你不断收到周围的信号，说你是一件物品，你就会学着以同样的方式看待自己，把自己当作一件物品，把自己身体的各个部分分割开来，根据身体外观来评估自己作为一个人的价值——你将学会从外部审视自己、贬低自己。在神经心理学中，这叫对身体的非自我中心视角。[1] 你将学会引诱、取悦和讨好，因为你将"有幸"通过这些行为获得对自身价值的肯定。你的技能和能力会在以后出现——如果它们真能出现。但无论如何，身体将永远是你的名片。[2]

自我客体化指的是从第三人称视角来看待自我，特别是看待身体自我的行为：女性受到引导，将自己视为身体自我的观察者，从而失去了内感受性知觉。客体化凝视导致了她们意识的分裂，

---

[1] G. Riva, *The Key to Unlocking the Virtual Body: Virtual Reality in the Treatment of Obesity and Eating Disorders*, in «Journal of Diabetes Science and Technology», 5, 2011, pp. 283-92.

[2] M. McKinley e J. S. Hyde, *The Objectified Body Consciousness Scale: Development and Validation*, in «Psychology of Women Quarterly», 20, 1996, pp. 181-215.

并影响了她们的认知表现。换句话说,客体化凝视充斥并麻痹了她们的日常思想及智力、情感资源,而这些本可以用于个人成长和职业发展。

一些研究表明,对身体的监管会随着年龄的增长而减少,但它并不会消失。我们不得不说,它在女性的生活中占据了如此之大的空间,以致严重制约了她们的整个生存状态。[1]

内感受性知觉、高峰体验和心流体验

对身体的关注限制了女性的个人生活,降低了其内感受性知觉,也就是对身体内部刺激(心跳、休息的需求、食欲、情绪状态)的自然敏感度。

你观察自己的身体,好像在观察一个敌人或者一种生物,在它面前你必须始终展示权威:因此你归罪于自己、责备自己、产生了负罪感。你好像变成了一个苛刻的陌生人,只会对自己的身体指手画脚,指出各种错误。没有同情,没有理解,没有宽恕。

根据肯特州立大学的研究,女性越是将自我客体化,就越难以

---

[1] M. Tiggemann e J. E. Lynch, *Body Image Across the Life Span in Adult Women: The Role of Self-Objectification*, in «Developmental Psychology», 37, 2001, pp. 243-53.

认识到身体内部的情况，比如情绪、饥饿和饱腹感。[1]无数的研究表明，其消极影响包括饮食失调发作、患有抑郁症和性功能障碍。[2]

自我客体化还会减少高峰体验（亚伯拉罕·马斯洛的理论）和心流体验（米哈里·契克森米哈赖的理论）。后者指在执行或经历某项身体、精神活动时产生的一种彻底沉浸的感觉。对个体来说，这是特别令人满意和愉快的时刻，这种体验让正在做的事情有了意义。[3]

社会对美的关注导致你从外部观察自己，这让你无法充分地生活在自己的生命体验中，无法真正焕发活力，无法追随自己的天分。美的问题似乎形成了一种持续的干扰，使人难以拥有心流体验。

---

[1] T. A. Myers e J. H. Crowther, *Is Self-Objectification Related to Interoceptive Awareness? An Examination of Potential Mediating Pathways to Disordered Eating Attitudes*, in «Psychology of Women Quarterly», 32 (2), 2008, pp. 172-80.

[2] 更多信息可参见: R. M. Calogero e J. K. Thompson, *Potential Implications of the Objectification of Women's Bodies For Women's Sexual Satisfaction*, in «Body Image», 6, 2009, pp. 145-48. B. Moradi, D. Dirks e A. Matteson, *Roles of Sexual Objectification Experiences and Internalization of Sociocultural Standards of Beauty in Eating Disorder Symptomatology: An Examination and Extension of Objectification Theory*, in «Journal of Counseling Psychology», 52, 2005, pp. 420-28. D. M. Szymanski e S. L. Henning, *The Role of Self-objectification in Women's Depression: A Test of Objectification Theory*, in «Sex Roles», 56, 2007, pp. 45-53. M. Tiggemann e J. K. Kuring, *The Role of Body Objectification in Disordered Eating and Depressed Mood*, in «British Journal of Clinical Psychology», 43, 2004, pp. 299-311.

[3] M. Csíkszentmihályi, *Flow. Psicologia dell'esperienza ottimale*, ROI, Macerata 2021. 我与安德烈·科拉梅迪奇（Andrea Colamedici）合著的《从哲学角度看问题》(*Prendila con filosofia*, HarperCollins, Milano 2021) 一书中，更发散地谈到了心流问题。

泳衣测试

芭芭拉·L. 弗雷德里克森和托米-安·罗伯茨的理论正不断面临着众多研究的检验。这些研究力求探明自我客体化的过程与研究对象的身体形象、抑郁症症状、饮食行为、性满意度和智力成就之间有何联系。这个领域的文献无穷无尽。尽管在某些情况下，研究者观察到的相关性是不确定的，但是在研究我们这个社会中个体的身份时，自我客体化理论仍然值得参考。

有一项非常重要的研究，其目的是通过实验诱导自我客体化，以便观察假定的结果究竟是出自人类的天性，还是女性所特有的。[1] 这项研究的主导者仍然包括弗雷德里克森和罗伯茨，此外还有斯蒂芬妮·M. 诺尔（Stephanie M. Noll）、黛安娜·M. 奎因（Diane M. Quinn）和琼·M. 特文格（Jean M. Twenge）。在这项细致的研究中，男女参与者被分进不同的小组，然后被告知他们在参与一项关于消费者行为的分析活动。研究人员要求参与者在一间更衣室里对着一面全身镜穿上泳衣或毛衣。参与者各自站着，没有人看他们。在这之后，他们必须完成一项食物测试和一项数学测试。

这项研究证实了研究者们最初的担忧：穿泳衣的女性在食物测试中表现出不适。接下来，她们穿着泳衣或者在刚刚脱下泳衣后接受数学测试时，呈现出缺乏准备的状态，因为她们仍然处于自我客

---

[1] B. L. Fredrickson, T. A. Roberts, S. M. Noll, D. M. Quinn e J. M. Twenge, *That Swimsuit Becomes You: Sex Differences in Self-objectification, Restrained Eating, and Math Performance*, in «Journal of Personality and Social Psychology», 75 (1), 1998, p. 269.

体化的过程中。

另一项类似的实验选取了一群身着泳衣的女性,让她们在潜在的自我客体化状态下接受斯特鲁普测试,然后评估她们的表现。斯特鲁普测试是认知心理学中的一项测试,用于确认受试者对一个简单要求的反应时间,例如,识别用相异颜色笔写的一些色彩名称(用红色笔写下的"绿色",用蓝色笔写下的"黄色")所用的时间。测试结果显示,不管面对哪种类型的词,这些穿泳衣的参与者都表现不佳,可能是因为她们的一部分认知资源被用于监控身体了,也就是说,她们正处于自我客体化的状态中。[1]

还有一项研究,从中可以明显看出女性对自己穿着泳衣的身体感到羞耻。然而,研究人员还想知道,当参与者重新穿上她们自己的衣服之后,不适感是否仍然存在。因此,研究人员向穿过泳装的参与者和其他三个对照组提交了一项自由回答任务,最终观察到一种有趣的反应:刚刚穿过泳衣的那些人在任务中会产生更多与身体有关的想法。[2]因此,自我客体化机制并不是一种短暂的状态,而会产生持久的影响力,会让女性持续将注意力放在她们的外表上。

---

[1] D. M. Quinn, R. W. Kallen, J. M. Twenge e B. L. Fredrickson, *The Disruptive Effect of Self-objectification on Performance*, in «Psychology of Women Quarterly», 30 (1), 2006, pp. 59-64.
[2] D. M. Quinn, R. W. Kallen e C. Cathey, *Body on My Mind: The Lingering Effect of State Self-objectification*, in «Sex Roles», 55 (11-12), 2006, pp. 869-74.

自利性偏差

自利性偏差是一种产生积极幻想的倾向。也就是说，一方面认为积极事件是自己的功劳，另一方面将消极事件归于外部因素。有一项研究探讨的是男性和女性对身体的认知有何差异，研究样本是一群大学生对自己的相貌和智力做出的自我评估。结果显示，男性和女性都有高估自己智力的倾向，但只有男性会高估自己的体貌。[1]

另一项研究则采访了22岁至62岁的男性和女性，以探究这些人和他们身体之间的关系。研究发现，男性将自己的身体视为一个整体，更关注它的运转状态如何、完成动作时的表现如何；而女性关注的是它的形象，是它有没有符合标准。同样，对女性来说，衰老是需要避免的，是一个导致衰败、危险的因素；而对男性来说，其影响是中性的，甚至是积极的。对他们来说，变老不是一个问题。

最后，多伦多大学的一项研究对587名女孩进行了从13岁到18岁的跟踪调查。该研究旨在借助多重变量的潜在增长曲线模型，理解自我客体化、身体监控和自我评价对抑郁症症状有何影响。身体客体化现象有所减轻的女孩，也会有自我评价提升、青春期抑郁症

---

1 M. T. Gabriel, J. W. Critelli e J. S. Ee, *Narcissistic Illusions in Self-evaluations of Intelligence and Attractiveness*, in «Journal of Personality», 62 (1), 1994, pp. 143-55.

症状减轻等表现。[1]

将耻感和身体羞辱作为规训工具

有一种观点很普遍：身体羞辱会促使人们减肥并照顾好自己。然而，越来越多的研究结果指出，针对身体的羞辱和由此带来的耻感，不仅不能促使一个人多运动，还会起到反效果：遭受身体歧视的那些人更倾向于暴饮暴食、吃不健康的食物、不运动。

一项研究显示，感到自己因为体重而被评判、被取笑与饮食失调有明显的相关性，无论当事人是真正的超重者还是自认为超重。我们必须重申：经受身体羞辱、因身体而成为议论的对象都会导致异常的饮食行为，进而可能危及健康。[2]

发表在《健康心理学杂志》(*Journal of Health Psychology*) 上的另一项研究分析了体重污名、自尊、锻炼动机和行为之间的关系。研究对象是100名女大学生，她们的身体质量指数各不相同（在17到38之间）。研究结果表明，在经历污名化的同时，逃避运动的念头

---

[1] E. A. Impett, J. M. Henson, J. G. Breines, D. Schooler e D. L. Tolman, *Embodiment Feels Better: Girls' Body Objectification and Well-being Across Adolescence*, in «Psychology of Women Quarterly», 35 (1), marzo 2011, pp. 46-58.
[2] D. Neumark-Sztainer, N. Falkner, M. Story, C. Perry, P. J. Hannan e S. Mulert, *Weight-teasing Among Adolescents: Correlations With Weight Status and Disordered Eating Behaviors*, in «International Journal of Obesity and Related Metabolic Disorders», 26 (1), 2002, pp. 123-31.

也在增加。这就表明体重污名有可能降低身体活动水平。[1]

情绪上的痛苦以及犯错的感觉并不能促使人们照顾好自己，反而会导致不健康的饮食习惯和行为。让一个人对自己的外表感到羞耻，与饮食教育和体育教育无关，而是一种毒害性教育。[2]

耻感会妨碍人们去感受自己到底想要什么，包括在食物和运动层面：吃东西是出于悲伤，或者为了填补空虚。之所以吃，是因为反正也没什么可失去的了；之所以不运动，是因为害怕失败。这样一来，人就被剥夺了发现、尝试和体验新奇事物的乐趣。有多少次你本来想去远足，却害怕因为身体而变成大家的笑柄，结果没去；又有多少次，你出于同样的原因没有去跳舞？

批评和评判一个人的身体外观，并不意味着关心这个人的健康。这种行为其实是在参与一种社会进程：它会渐渐阻止女性去了解自己想要什么，以及对身体的真实感受。

意大利的环境

自我客体化的过程在很大程度上取决于媒体中被性化的女性形象的扩散。这一情况在意大利尤为明显。2006年，意大利社会投资

---

[1] L. R. Vartanian e J. G. Shaprow, *Effects of Weight Stigma on Exercise Motivation and Behavior: A Preliminary Investigation Among College-aged Females*, in «Journal of Health Psychology», 13 (1), 2008, pp. 131-38.
[2] 关于这一点，可以参阅：A. Miller, *La rivolta del corpo*, Raffaello Cortina, Milano 2005.

研究中心（Censis）进行了一项调查。该调查是欧洲研究项目"欧洲女性与媒体"（Women and Media in Europe）的一部分。调查结果显示，在我们的电视节目里，女性形象被强烈地客体化了——女性作为男性（通常是节目主持人）的附属品而存在，性别歧视的态度、话语和手势频频出现。洛雷拉·扎纳尔多（Lorella Zanardo）的纪录片《女人的身体》（Il corpo delle donne）着重指出了这一点。该片一问世就在公众舆论里掀起了轩然大波，因为它借助意大利电视节目中的图像，展示了女性如何沦为物品和被当作吸引观众注意力的"肉块"。

另一项研究选取了米兰圣拉斐尔生命健康大学的232名低年级学生作为对象，其中有113名男性和119名女性，年龄在20至23岁之间。研究目的是探明暴露于性客体化的媒体图像之中会如何影响人的自我客体化过程，以及生理—心理健康。[1]

该研究对所有参与者进行了匿名问卷调查，并计算了每个人通过杂志和电视节目接触到性客体化图像的指数——既考虑到了接触频次，也考虑到了接触强度。最后，他们为每个参与者计算出两个分数：第一个表示身体监控的程度，第二个表示耻感程度。无论是暴露于性客体化媒体图像中的程度，还是自我客体化/自我监控的心理过程及其后果，女性的得分都显著高于男性。

但必须强调的是，在男性中也出现了类似的结果——尽管指数

---

[1] A. Dakanalis, V. E. Di Mattei, A. Prunas, G. Riva, L. Sarno, C. Volpato e M. A. Zanetti, *Il corpo oggettivato: media, benessere psicofisico e differenze di genere*, in «Psicologia Sociale», 2, maggio-agosto 2012, pp. 261-84.

要低得多。一些意大利杂志和电视节目把人当作可供使用的身体，对女性而言，接触这些杂志和节目会导致她们以同样的方式看待自己，也就是把自己看成被评价的对象，然后为自己的外表感到羞耻，并陷入饮食失调；在意大利男性当中，也同样存在某种自我客体化和自我监控的倾向。区别在于，在男性身上没有观察到耻感。

从本质上讲，我们并不能说社会建构和刻板印象没有影响到男性，也没有影响他们对自己外表的看法和构建的性图像。但可以肯定的是，意大利杂志和电视节目所传达的客体化模式，在个人生理—心理健康和个人选择层面都造成了负面后果。

第七章
丑陋的与极美的

> 我很想成为辛迪·克劳馥那样的人。
>
> ——辛迪·克劳馥

我上小学的时候,有一天在父母面前大哭起来,说自己很丑。起因是我所在的班里有个女孩,所有同学都爱她,这让我觉得不对劲。要不是因为我丑,怎么会没有人爱我呢?父母坐在我旁边,给出了一个在20世纪90年代的人们看来已经很好的解决方案:他们给全班同学拍了张照片,让我拿自己和其他同学做比较:我比X更丑吗?我比Y更丑吗?我比Z更丑吗?

但我当时没办法客观看待自己,我的自我形象是混乱的,我只知道自己有些很奇怪的地方。首先,我的块头太大了,而那个人人都爱的女孩长得很纤小,手很细。她头发长长的,笑容非常可爱,而我完全没法儿做出任何努力来拉直我的头发、保持平静、露出微笑。我想变得小巧玲珑,像那个小女孩一样可爱。我觉得自己是个怪物。

现在我知道了,每当我的女儿看向镜子或者从镜子前经过,并避免看到自己的形象时,她也在想同样的事。就像过去的我一样,女性的律法对她太苛刻了,而与此同时,她也会忍不住想:"我很丑吗？"

丑

朱莉娅·布拉西（Giulia Blasi）认为，丑陋是最后的禁忌。于是，美容治疗越来越被看作一种自我照护的姿态、一件因为"爱自己"而做的事：哪怕你不符合美的标准，还是要学会以自己的方式感觉良好，学会喜欢自己、接纳自己，展示出一种自信。你可能生来就不美，但仍然要确保自己不会"变得更丑"。你应该珍惜自己已经拥有的，发挥优势！

布拉西谈到，每天早晚，每次穿脱衣服、经过镜子或者准备出门时，她都一定会检查自己的腹部，从侧面观察它有多凸出："我根据观察的结果决定吃多少、吃什么。如果这看起来像饮食失调的症状，那是因为这就是饮食失调。如果看起来不像，那是因为这些行为已经完全被正常化了。我们所有女性，每一天都在观察自己。"[1]

在《白雪公主》这个童话里，公主的继母问魔镜她是不是整个王国最美的女人；而今天，我们要求镜子证明我们足够好、不是怪物、不会被一天当中看见我们的人指责。于我们而言，镜子不是欲望的仆从，而是恐惧的收集者。

你把打理外表视为一种社会义务，而不是优先事项。在你身

---

[1] G. Blasi, *Brutta. Storia di un corpo come tanti*, Rizzoli, Milano 2021, p. 73.

上，焦虑表现得尤为明显。结果就是，你把自己的肚子或皱纹看作"一个未完成的项目，一件开始了一千遍却从来没能完成的事，因为总有更好玩、更刺激的东西出现，那些东西更值得你投入努力"。[1]正是出于这种原因，你才无法充分享受自己所做的事，无法真正享受辛苦取得的成就。因为说到底，你仍然是个没有充分运用自己能力的女人；说到底，你太懒惰了，哪怕你已经在生活的其他领域展现出了别的价值。

因此，对那些怀有其他兴趣的人来说，履行美的职责并不能使她们获得拯救。相反，它助长了负罪感。无论你是多优秀的作家、多坚定的活动家，只要看见商店橱窗里自己的影子，或者在镜子前和自己对视，你都会感到内疚。你在追随自己的天分，这没错，但你在脂肪团、肚子、黑眼圈上做得还不够。

《女作家住在这里》（*La scrittrice abita qui*）是我从青少年时期就很喜欢的一本书。在这本书中，桑德拉·彼得里尼亚尼（Sandra Petrignani）讲述了格拉齐亚·黛莱达、科莱特（Colette）、弗吉尼亚·伍尔夫、凯伦·布里克森（Karen Blixen）、亚历山大莉娅·大卫-妮尔（Alexandra David-Néel）、玛格丽特·尤瑟纳尔和她们的家的故事。几年前我重读了这本书，发现几乎每个人都经历过反复的禁食，只为不变胖。如此优秀的女性怎么也会有这种想法？难道真的没人可以免受这种不必要的痛苦？难道真的不能只追随自己的激情？

美的职责就像一只残酷的眼睛长在你的体内，安装在你的系统

---

1 G. Blasi, *Brutta. Storia di un corpo come tanti*, Rizzoli, Milano 2021, pp. 79-80.

里，让你保持警觉，特别是当你忙于其他事情的时候。它还不断让你注意到自己的不称职："我必须批评自己，必须感到自己不合格。这一切都写在我的生命代码里，写在每个人的代码里。它不是一种病毒，也不是异常现象，而是预设的程序。"[1]

如果这影响到了拥有正常身体的正常女性，甚至影响到了女作家和女科学家，我们可能会以为，仅有的幸运儿是代表美的那些人，也就是模特、缪斯、非常美的女人。但真的是这样吗？

美丽的女人是否有不一样的人生

奥德丽·芒森（Audrey Munson）是美国第一位超模，她在19世纪末和20世纪初取得了巨大的成功。[2] 奥德丽·芒森和母亲在纽约街头散步时，摄影师费利克斯·贝内迪克特·赫尔佐格（Felix Benedict Herzog）看到她，并邀请她前往自己位于林肯拱廊大厦的工作室当模特。渴望成为演员和歌手的芒森接受了这个提议，并且迅速成为当时很多雕塑家、画家和摄影师的缪斯。她是美国众多知名纪念碑的原型模特：曼哈顿市政大楼顶部的金色雕像、纽约公共图书馆顶部的石像、哥伦布环岛的"缅因"号战列舰国家纪念碑。芒森的形象还出现在大都会艺术博物馆的几十件作品、大军团广场

---

[1] G. Blasi, *Brutta. Storia di un corpo come tanti*, Rizzoli, Milano 2021, p. 152.
[2] E. Mascolino, *Chi era Audrey Munson, la prima supermodella americana dimenticata dalla Storia*, in «Harper's Bazaar», 14 gennaio 2022.

的普利策喷泉、斯特劳斯公园中，甚至出现在墨丘利10美分硬币和行走的自由女神50美分硬币上。在旧金山举办的巴拿马—太平洋世界博览会上，她成了主角，超过两百名艺术家以她为原型进行创作。1915年，她主演了《灵感》(*Inspiration*)，这是第一部出现全裸场景的非色情电影；1916年她又主演了另一部先锋派电影。然而，芒森的演员生涯在方方面面都受到了美国保守派的阻挠，他们试图阻止发行这样的电影。此外，尽管奥德丽·芒森的曝光度如此之高，她获得的报酬却很低（每小时50美分），而且在以她为模特的作品中她几乎从未被提及。

不管芒森在那个年代人们的想象中代表了什么，人们对这位曼哈顿小姐的记忆几乎消失殆尽，这是为什么呢？击碎她职业生涯的是一个犯罪故事：一个叫沃尔特·威尔金斯的人杀死了他的妻子，因为他爱上了芒森，想要娶她。虽然芒森和这一悲惨事件完全无关，但她的声誉仍然遭到了毁灭性打击。她离开了纽约，开始和母亲一起做上门推销员。她为《纽约美国人》(*New York American*)写了一些文章，也就是"艺术工作室里的女王"系列。在这些文章里，她讲述了自己的故事，也讲了多年来使用她形象的人对待她的方式。芒森写道："艺术家的模特们会有什么下场？我想知道，在读我文章的人里，会不会有很多人曾经面对着一件工艺品、一座优雅的雕像，或者一位年轻女子的华美画像——画中人没有佩戴任何装饰品，这非但没有削弱反而突显了她的谦虚和纯洁，然后想：'这位曾经如此美丽的模特现在去了哪里？'"

奥德丽·芒森曾多次试图自杀，不到40岁就因抑郁症和精神分裂症被送进精神病院，并在那里度过了余生。她去世时已104岁高龄，被埋在一座完全被遗忘的集体坟墓里。

这就是多年来被人追捧的一位缪斯女神的一生。她的美至今仍被全美国人仰慕，但是没人记得她的名字。这样的一生也是其他许多女性的一生，她们的面孔和身体充斥着博物馆的大厅，但她们的名字和故事我们却一无所知。

美的偏见

我之所以能发现奥德丽·芒森，是因为看了埃米莉·拉塔伊科夫斯基的回忆录《我的身体》(*Sul mio corpo*)。她是世界上著名的模特之一，在Instagram上拥有约2900万粉丝。看到拉塔伊科夫斯基的这本书时，我立刻被深深吸引，同时也产生了很多疑惑：作为世界上非常美丽、受欢迎的女人，拉塔伊科夫斯基对她的身体有什么看法？她对美的神话了解多少？

然而，拉塔伊科夫斯基让我透过她的视角，看到了另一个故事：一个人天生就拥有符合当前审美标准的身体，但也没有过上幸福的生活。那么，拥有一具这么多人渴望拥有、想要主宰的身体，究竟意味着什么？

拉塔伊科夫斯基的青春期充斥着种种互相矛盾的信息——有关她身体的成长，有关性：她是否应该引起男性的欲望？她应该害怕吗？她应该对此感到羞愧吗？她是应该迎合关于美的那些刻板印象，还是应该表明它们有多让人压抑？

然而，与此同时，拉塔伊科夫斯基也意识到，她"拥有一种可消耗的商品，整个世界都非常重视它的价值"。这个商品就是她的身体。[1]如果所有女性都沦为物品，沦为和性有关的商品，也许她所掌握的那种商品也能形成一种权力？那么，她就会是那个决定交易条件的人，利用她的性感获得选择权。但这真的可能吗？

拉塔伊科夫斯基在书中明确表示，她凭借自己的身体，在一个由男性构建的资本主义世界里获得了好处："在这个世界里，美和性的吸引力之所以具有价值，仅仅是因为它们迎合了男性凝视。"无论她获得了什么样的影响力和地位，都完全是因为男人喜欢她：这是一种认可，本质上是对她符合市场标准和逻辑的奖励。[2]

拉塔伊科夫斯基20岁的时候还不明白，那些依靠美貌获得权力的女人，应把这种权力归于被她们激起欲望的男人，因为最终是这些男人在行使对她们身体的掌控权，不是她们自己。拉塔伊科夫斯基既不理解也没法儿接受这种想法，因为一旦接受，她就不得不承认，无论她的身体带来了多少金钱和名声，都不属于她，而属于购买它的那些人。她作为一个完整的人并没有被看到，她只是一个被观看的对象。[3]

埃米莉·拉塔伊科夫斯基自称是"女性通过把自己的形象和身体商品化来解放自己的活证据"。她还认为，所有女性都懂得利用

---

1 E. Ratajkowski, *Sul mio corpo*, Piemme, Milano 2021, p. 12.

2 E. Ratajkowski, *Sul mio corpo*, Piemme, Milano 2021, p. 13.

3 E. Ratajkowski, *Sul mio corpo*, Piemme, Milano 2021, pp. 49-50.

性来获得某种形式的安全感："男人永远不会意识到女性被迫做了多少计算。他们认为事情之所以发生，是'出于某种奇怪的原因'。而实际上，女性正竭尽全力扮演各种角色、表演芭蕾和杂技来促使事情发生。"[1]这就是奇玛曼达·恩戈兹·阿迪契所说的底力（bottom power），即利用性和性唤起从男人那里获取东西的能力。数个世纪以来，这是女人行使权力的唯一方式，因为她们不可能把权力握在自己手中。这是一种借来的权力，并不真正属于她们自己。正因为如此，拉塔伊科夫斯基不断问自己："我的身体能行使什么权力？这真是我的权力吗？"[2]

假如一个人通过她的性能力来赚钱，这有什么错吗？她成了腐败系统的一部分，但这套系统并不是她发明的。也许她没有别的选择，除非决定彻底消失，注销社交账号，废止合同。毕竟，一个女人怎么可能掌握权力？也许，不管在什么情况下，一个人都能适应一场由别人决定、规则由外界强加的游戏。

因此，像埃米莉·拉塔伊科夫斯基这样的身体可能变成一个陷阱。令人惊讶的是，她也认为身体在自己的生命中成了一个问题：她的身体永远不可能无足轻重，因为它总是那么醒目，她的外表使她只能成为一件饰品、一种装饰性的东西。[3]拉塔伊科夫斯基可以自信地展示自己、亮出裸体，但仍不免生出了迫切的控制欲，以致

---

[1] E. Ratajkowski, *Sul mio corpo*, Piemme, Milano 2021, p. 188.

[2] E. Ratajkowski, *Sul mio corpo*, Piemme, Milano 2021, p. 190.

[3] E. Ratajkowski, *Sul mio corpo*, Piemme, Milano 2021, pp. 100 e 184.

她宁愿伤害自己,也不允许别人挥刀。[1]

哈莉·贝瑞(Halle Berry)曾说过,美并不能保护她免受痛苦,这与欧里庇得斯在公元前412年借海伦之口说过的话相呼应:"对所有女人来说,美貌就是幸福,而我却为此而毁灭。"[2]

但是,如果一个女人这么说,她并不会被认真对待,大多数人仍然会认为她是在夸大其词,而且她真没什么可抱怨的。

美的偶像会幸福吗

因为埃米莉·拉塔伊科夫斯基的书,我又去读了黛米·摩尔的传记《内幕》(Inside Out)。这又是我之前没有注意到的一个女人,我以为她不会说出什么重要的话。毕竟,连拉塔伊科夫斯基也承认,在读这本书之前,她还以为摩尔只是个性感的女人。

摩尔说,她到50岁以后才能与自己的身体和平相处,她终于不再节食,不再折磨身体,也不再以食物为武器向自己宣战。花了几十年的时间,"才想到我可以做自己,而不是做我认为别人愿意看到的那个人"。[3]

摩尔在很年轻的时候就做了模特,获得了经济独立——这是脱离不健全的家庭的一个重要前提。模特职业还给她带来了自豪感、

---

[1] E. Ratajkowski, *Sul mio corpo*, Piemme, Milano 2021, pp. 95-96 e 206.

[2] Euripide, *Elena*, v. 305, in Id. *Tragedie*, Mondadori, Milano 2007, vol. II, p. 495.

[3] D. Moore, *Inside Out*, Fabbri, Milano 2020, p. 43.

专业性和他人的认可。但与此同时，这也摧毁了她的自尊心，越发让她觉得美貌是自己唯一的价值、唯一的美德。[1]

摩尔早期出演的电影里有一部叫《昨夜情深》(1986年上映)。当时导演对她说:"我真的想让你演这部电影，但你必须向我保证会减肥。"这话把她抛进了恶心、羞辱和恐慌的旋涡，还导致接下来的几年里，她一直想要支配和控制自己的身体。她虽然很美，但又永远都不够美，而且她感知到的自我价值始终与体重、体形和外表相关。[2]

很难相信，就连黛米·摩尔也像其他女人一样，想要弄清是不是该把这种心烦意乱的反应归咎于她自己、归咎于她缺乏自信。从表面来看，她好像并没有被减肥这个要求伤到。她回答说，她会加倍努力来"弥补不足"，因为她非常想出演这部电影。然而，她陷入了恐惧和自我厌恶的旋涡；只是站到体重秤上，就足以毁掉她一整天的心情。对自己身体的关注是一种永不停歇的折磨，她甚至给冰箱加了一把锁，以避免在半夜贪吃。她与自己的身体交战，把所有的负面情绪和对自己的耻感都发泄到食物上。[3]

一个表面上健康、快乐、成功的女人实际上已经被美的神话摧毁了，她不知道该怎么吃东西，仅仅是想到要在世人面前裸露自己就感到痛苦，一种致人瘫痪的不适感让她动弹不得。

生下第一个女儿仅仅12周后，摩尔就被邀请主持一期《周六

---

[1] D. Moore, *Inside Out*, Fabbri, Milano 2020, p. 85.
[2] D. Moore, *Inside Out*, Fabbri, Milano 2020, p. 117.
[3] D. Moore, *Inside Out*, Fabbri, Milano 2020, pp. 117-18.

夜现场》，编剧们对她寄予厚望。事实是她不仅恢复到了怀孕前的体重，而且在三个月之内做到比以前还瘦了四千克。在开场的独白中，黛米·摩尔说了这样一句话："12周前我刚生了一个孩子，看看我吧！"她说这话的时候很不安，但是又忍不住："我真的不知道怎么才能说出'我看起来不是很棒吗？'这句话。我没法儿相信这话，所以无法让它显得很风趣。"她害怕遭到人们的嘲笑。有关身体的念头不断出现，占据了她所有的空间。

然而，在那些年，摩尔似乎是一个拥有完美生活的完美女人：她拥有全球知名的英俊丈夫布鲁斯·威利斯，有很多钱，还有三个美丽的女儿。1991年，她出现在《名利场》的封面上，安妮·莱博维茨（Annie Leibovitz）拍摄的照片显示，当时的摩尔已经处于孕晚期。这是一个突破性的封面，因为在此之前，孕妇的大肚子必须用宽松的衣物遮盖，而且绝非性感的象征。售卖报刊的人纷纷把这期杂志藏起来，因为他们觉得这照片很怪诞、很淫秽，但对许多人来说，这张照片代表着一种解放，哪怕到了今天，它仍然是世界上非常著名的封面之一。

如果说，这个世界把黛米·摩尔选为性符号，并且自认为给她提供了她所期望的一切，那么实际上黛米·摩尔很难从过度性化的形象中解脱出来，以致对许多制片人而言，她出现在一部电影的演员阵容里，就意味着至少要有一个裸体镜头。摩尔本人曾谈起导演艾伦·索金（Aaron Sorkin）的电影《好人寥寥》。索金对一位制片人的反应感到困惑，因为当这位制片人得知摩尔的角色与汤姆·克鲁斯的角色没有感情关系时，他说："好吧，如果汤姆和黛米最后没有上床，那黛米的角色为什么是个女人？"[1]

黛米·摩尔之所以成为全球男性的欲望对象，是因为她年轻、具有生育能力，但是后来她和小自己15岁的阿什顿·库彻恋爱的消息传出后，她却不得不面对年龄污名。关于两人年龄差异的流言无休无止，《周六夜现场》再次成为决定性的舞台。但这一次，摩尔成功地利用了它，而没有被利用。那期节目由库彻主持，他在开场独白中谈到了摩尔和他们之间的爱情，然后指向观众席上的她。镜头转向黛米·摩尔，她以一身90岁老妪的衣服和妆容，起身扶着助步器走向舞台，走到库彻面前。这时候，库彻说，她仍然是好莱坞最美丽的女人。然后他们接吻了，她的假牙掉进了她男友的嘴里。

黛米·摩尔说，直到最近几年，她才终于从惩罚性的训练计划和必须挨饿的想法中解脱出来，不再以瘦到什么程度来衡量自己的成就："从有记忆开始，我就一直试图主宰和控制自己的身体。很长时间以来，这是我唯一能控制的东西。因为我意识到，保持这种体重是保护自己的一种方式。我在每天的祷告里增加了一句话：'愿我有勇气在不健身的情况下被人看见。'我不能再继续战斗下去了，我必须与自己的身体和体重和平相处。"

我们对拥有美貌的女性怀有许多偏见。我们自欺欺人地认为，仅仅因为她们将一种理想具象化了，她们就会是幸福快乐的人。但是埃德·迪纳（Ed Diener）和马丁·塞利格曼（Martin Seligman）发现，美和快乐之间的相关性非常微弱：快乐的人社交能力也很强，

1　D. Moore, *Inside Out*, Fabbri, Milano 2020, p. 163.

同时拥有更牢固的爱情和友谊。但这些人并不比其他人做更多的运动，也不比别人更美；既没有更投入宗教生活，也没有遇到更好的重大事件。如果一定要说快乐的人有什么不同，实际上他们有一套正常的情绪系统，能够对生活中的事做出适当的反应。因此，美商并不能真正改善我们的生活，美的神话会给所有人带来痛苦和不快乐，甚至包括在我们眼中已经被幸运女神亲吻过的那些人。[1]

美的歧视

如今，几乎没有一种工作和外貌没有关系。只要看看占据电视演播室的那些人，看看他们的年龄、身体、外貌就知道了：几乎没有残疾人。几乎所有的员工，无论是记者还是主持人，都是顺性别白人。男人还可以年轻或年老、英俊或丑陋，而女人的年龄和外貌区间更窄。一个女记者，不管有多大影响力和名气，都必须显得年轻，但又不能太年轻。她应当求助于整容手术，只要手术痕迹不被看出来就行。如果她打扮得过于夸张或者过于邋遢，都会招致批评：穿暴露的衣服会被认为过于时尚，一直穿同一套衣服又会被认为不讲究。

一个成熟的记者应该是个有能力的人，这个人的身体、头发、

---

1 E. Diener e M. E. Seligman, *Very Happy People*, in «Psychological Science», 13 (1), 2002, pp. 81-84.

肤质如何并不重要。然而，对女人来说，成熟和权威并不能让她免于受到针对她外表的评论，无论是在政治领域、新闻领域，还是在任何掌握权力的位置上。她必须清醒、严肃、克制，必须像男人一样穿上资产阶级的标准服饰，但也要学会用配饰和个人风格来软化它，可能的话，还要穿上露出双腿的裙子。双腿可能会被摄影机拍到，因此裙子长短必须符合特定的尺寸。

20世纪90年代，娜奥米·沃尔夫写下在今天看来仍然成立的一些话："在电视新闻业，如果对男性和女性采用同一套标准，那么大多数男性将被解雇。"这话针对的是女主播克里斯蒂娜·克拉夫特（Christine Craft）被解雇事件。克拉夫特工作的电视台认为她太老了，而且缺乏吸引力。克拉夫特说，尽管她在精神上拒绝了对自己相貌的评判，但在内心深处，她还是觉得自己脸上有什么引人不快的东西，让人难以直视。这种念头使她感到不安和气馁。[1]美的神话触及我们的身份，但并不在身份表层，而是在它的根基处。因此，当其他理由不成立的时候——例如缺乏专业性——美的神话就会开始运作。无论是女主播还是女政治家，她始终是一个性化的、可替代的对象。

此外，克里斯蒂娜·克拉夫特在诉讼结束以后（结果是败诉）很难找到新工作，一部分原因恰恰是她在反抗中表现出了勇气。一个女人要指控工作场合存在美的歧视，就会面对这样的风险：被嘲笑，变成一个讨厌鬼。

---

1 N. Wolf, *Il mito della bellezza* cit., p. 33.

作为女性，我们没法儿期待晋升和高薪，结果就是我们感到自己的市场价值显著低于自身能力对应的价值。[1]

我们花了多少钱

女性的收入普遍低于男性，但她们在美容产品、美容护理和治疗方案上花掉的钱更多。部分原因是，她们在公共场所展示自己的方式会影响到别人如何对待她们。在西北大学，勒妮·恩格尔恩开设了一门名为"美的心理学"的课程。她要求学生写下他们每年花在化妆品、美甲、理发、染发、购买发型产品、去美容皮肤科就诊、打蜡以及购买剃须刀片、脱毛膏和润肤剂上的钱。平均而言，女性报告的花费是男性的3倍之多。[2]

除了花费金钱，我们还花费了时间、情绪和精力，幻想以此得到更多的个人权力。马里兰大学的一项研究分析了男性和女性的时间使用记录，以评估闲暇时间在数量和质量上的性别差异。这些差异体现在家务劳动、碎片化时间和儿童需求干扰父母活动的频率上。研究得出的结论是，男性平均每年比女性多出164个小时的闲暇时间，也就是说，一年52个星期中，男性比女性多了4个星期的闲暇时间——这就能解释为什么女人总感到匆忙，总要

---

1 更多信息可参见：C. Criado Perez, *Invisibili*, Einaudi, Torino 2020.
2 R. Engeln, *Beauty Mania* cit., pp. 158-59. «L'85 per cento delle spese per prodotti di bellezza viene sostenuto dalle donne»: *ibid.*（同上），p. 162.

"设法"安排约会,而且总会对自己没有及时赴约感到内疚。[1]

归根结底,美容产品领域的消费差异代表了一种延续下来的习惯:对许多中世纪女性来说,化妆品和自然疗法是伟大的解放工具,也是表达智慧和权威的方式。有一个例子很出名:圣希尔德加德·冯·宾根(Hildegard von Bingen)是12世纪的一名天主教修女、神学家和神秘主义者。她写下了有关她看到的异象以及治疗身体和精神疾病的众多制剂的很多作品。圣希尔德加德声称,她推荐的药物是直接由神指定的。她的疗法中有的用于防脱发(她建议把麦脂和麦灰的混合物撒在头上),有的用于治疗抑郁症引起的头痛(她建议用锦葵、鼠尾草、橄榄油或醋做成混合物涂在前额),有的可以对抗消化不良(她让人们吃混有黄马兜铃汁、茴芹汁和姜汁的面饼),有的能阻止月经(她建议用芹菜水擦洗,然后把水苏浸在酒里服下)。[2]圣希尔德加德疗法在今天看来可能很幼稚,但对植物学的研究仍然值得关注。这种疗法在那个年代也是一项了不起的创新。

15世纪,伊莫拉领主夫人、弗利伯爵夫人卡泰丽娜·斯福尔扎(Caterina Sforza)致力于炼金术实验和美容疗法。她将这些内容收录在《弗利的卡泰丽娜夫人的实验》(*Experimenti della signora*

---

[1] M. J. Mattingly e S. M. Blanchi, *Gender Differences in the Quantity and Quality of Free Time: The U.S. Experience*, in «Social Forces», 81 (3), 2003, pp. 999-1030.

[2] Ildegarda di Bingen, *Cause e cure delle infermità*, Sellerio, Palermo 2019.

excellentissima Caterina da Forlí)¹一书中。在这本书里，不仅介绍了能使头发变成金色、使口气清新、使牙齿洁白光亮、减缓体毛生长的食谱，还讲到预防怀孕、增强女性的性快感、假装处女以及帮助男性伙伴增强性欲的技巧和制剂。这些处方往往过滤掉了某些术语，使用了隐晦的表达方式，或者是用伪拉丁文来写的，这样，心不在焉的读者就不会注意到这些文章的真正主题。

到了现代，很多化妆品公司的创始人，比如海伦娜·鲁宾斯坦（Helena Rubinstein），为众多女性提供了工作，还创造了大众社会未能提供的仪式和聚会场所（美容院），为女性摆脱封闭的家庭生活提供了一种方式。然而，与此同时，鲁宾斯坦最著名的一句话"没有丑女人，只有懒女人"让美再次成为一种道德价值，成为权力和行动能力的标志，却没有对社会机制提出质疑。如果说，女性把美容当成一种提升社会阶层的工具（这毕竟是可以让她们从事相关职业甚至创业的少数领域之一），那么为了达成目标，她们就必须再次巩固公认属于女性的那些行为模式，甚至在制定营销策略时也不例外。一个例子是关于成立于1886年的雅芳化妆品公司的。这家公司的上门推销员使用了以下营销策略："谈话、家访、拉家常的亲切语气、亲密分享美容秘诀，甚至包括一种宗教行为般的团结。"²

阿加莎·克里斯蒂在小说《大象的证词》中写道："奥利弗夫人走进了'威廉姆斯与巴尼特'。这是一家药店，兼卖化妆品。她

---

1 Caterina Sforza, *Ricette d'amore e di bellezza di Caterina Sforza*, a cura di E. Caruso, Il Ponte Vecchio, Cesena 2009.
2 R. Ghigi, *Per piacere. Storia culturale della chirurgia estetica*, il Mulino, Bologna 2008, p. 44.

在一个卖各种鸡眼药的服务员面前停了一下,又在堆成山的人造海绵前犹豫不决,接着缓缓走向处方药柜台,最后向化妆品柜台走去。那里摆放着伊丽莎白·雅顿、赫莲娜、蜜丝佛陀和弱势性别的其他'恩人'。"[1]美容业是女性的"恩人",因为它为女性提供了面对世界所必需的面具,克里斯蒂这样具有爆发力和革命性的作家,在1972年仍然认为她的性别是"弱势性别"。

当然,我们并不是要把一切都妖魔化,而是要看清其中的复杂性。这里的重点是,一方面女性的收入普遍低于男性(性别薪酬差距),另一方面女性在非基本需求品上的开销更大。我们用这类东西来使自己"拿得出手",使我们在实际很累的情况下也不会显得很累,使针对性别的评判和负担得到缓解。我们中的大多数人不化妆就没法儿出门,美国女性平均每天要花55分钟来做准备,一年下来就是近两个星期。从这个视角来看,化妆和美发并不是自我护理的工具,而是一种文化层面的义务。

我们很难把"出于喜欢和主观意愿使用的东西"与"觉得有义务购买的东西"区分开。化妆品行业很清楚这一点,所以它不断提价,并且把每种乳霜的使用范围定得越来越具体,尽管这些商品往往只是在产品名称和包装上有所变化。由此带来的矛盾是,那些真正的基本需求品,比如卫生巾,在意大利却被当作奢侈品征税。

另一方面,客体化和自我客体化导致身体被分割成越来越小、越来越孤立的部分,这又使各种治疗手段和要关注的东西成倍增

---

[1] A. Christie, *Gli elefanti hanno buona memoria*, Mondadori, Milano 2016, p. 157.

加。美容行业一直在为我们过去不知道的问题提出新的解决方案。只要想想现在有多少人文眉就知道了，这个市场的出现就是为了给美容行业自己创造的问题提供一个解决方案：过去，当超细眉流行的时候，成千上万的人用镊子把眉毛拔掉，直到它们不再生长。而在这种时尚消失之后，她们每天早上又要用新的技巧画眉毛。于是，为了不必一直画，文眉就成了一种可行的解决方案。另外，越来越多的人使用含有前列素的睫毛增长液，为的是让睫毛变长；前列素对治疗炎症和眼压过高都有帮助，但作为化妆品使用很危险（例如，贝美前列素滴眼液可能会改变虹膜的颜色）。

这是一种持续的、广泛存在的生产方式，它依赖于人们的好奇心和自我改善的需求，并且让每一件新出现的东西都显得至关重要。[1]

美容医学和整形手术

谈到美，就不可能对美容医学和整形外科手术避而不谈。这有一段引人入胜的历史，始于16世纪。在那个时期，最早的男性鼻部整形手术开始盛行，因为鼻子的损伤非常普遍，此类事件数量多到超出我们的想象：这可能是在战斗中人们用刀剑类武器决斗的结果，

---

[1] 如需更多信息，我建议参考：B. Mautino, *Il trucco c'è e si vede*, Chiarelettere, Milano 2018 e Id. *La scienza nascosta dei cosmetici*, Chiarelettere, Milano 2020.

也可能是由于对鸡奸行为的惩罚，或是政治凌辱留下的印记，甚至可能是梅毒造成的后果。[1]

实施这些手术的人通常是远离大学和医学院的理发师，因为教会不赞成改变身体的行为，早在1131年，兰斯会议就禁止修士在外从事医学和外科工作。

又一次，是资产阶级社会将这类技术系统化，并拓展其种类，改进水平，发展出例如兔唇整形术、眼睑整形术、腹部整形术和耳整形术等技术。最早的手术有时会出现破坏性的结果，比如1926年导致苏珊·若弗尔（Suzanne Geoffre）小姐失去一条腿的抽脂手术：由于失误，迪雅里耶（Dujarier）教授没有去除她的脂肪，而是切断了她小腿上的一部分肌肉组织。[2]

从那时起，在必要性和虚荣心之间，在为改善身体功能而进行的手术和只为改善美学外观而进行的手术之间，已经越来越难划出界限。而且，这条界限不可能在绝对意义上划定，甚至很难说清它是不是一个主观的问题："一台手术，在当代或许会被划入医学领域，因为人们认为它对患者生理—心理的全面健康具有决定性意义。但在加斯帕雷·塔利亚科齐（Gaspare Tagliacozzi）看来，这很可能只是一次轻率的外科手术，只是为了'取悦眼目'，为了'伪美'，也就是为了短暂的、虚假的美。"[3]

罗塞拉·吉吉认为，我们不能忽视，几个世纪以来，丑陋已经

---

[1] R. Ghigi, *Per piacere* cit., pp. 13-16.

[2] R. Ghigi, *Per piacere* cit., p. 85.

[3] R. Ghigi, *Per piacere* cit., p. 32.

被医学界以某种方式病理化了，而且整形外科的历史中已经深深嵌入了一种想法，即人们能够消除潜在的污名化特征：可能正是出于这个原因，在韩国这个全球整形手术数量最多的国家，双眼皮手术（即获得西式眼睛特征的手术）相当普遍，我们此前已经提到了这一点。根据国际美容整形外科协会（International Society of Aesthetic Plastic Surgery）的一份报告，仅在2017年，就有130多万人接受了这种手术，近年来，数量还在猛增。

电视节目主持人陈晓怡（Julie Chen）在20世纪90年代也接受过这种手术，但这并非完全出于她自己的选择。她在俄亥俄州工作的时候，遵从了一位经纪人和一位电视新闻主管的"建议"。在他们看来，如果不改变外表，她甚至有可能告别首席新闻主持人这份职业，因为她眼睛的形状让人觉得她对自己说的话不感兴趣："你永远没法儿在这张桌子上取得成功，因为你是中国人……我们的观众无法与你建立联系，因为你不像他们。"最后，陈晓怡选择接受眼睑整形手术，并且在长达十五年的时间里对此只字不提，直到她决定向《谈话》(The Talk)节目和《魅力》杂志(Glamour)披露此事，承认在她决定接受手术之前，曾发生过这样一起特殊的种族主义事件。[1]

因此，这是一个复杂的、需要小心对待的话题。我们很难辨别身体控制、种族主义凝视、个人选择和市场社会，而如果先验地判

---

[1] J. Chen, *Exclusive: Why The Talk's Julie Chen Has No Regrets About Her Cosmetic Surgery*, in «Glamour», 20 settembre 2016.

定服从什么是正确的或是错误的，又会把问题简单化。我们仍然能看到人们怎么评判过度整容、破坏自然美的那些女性。但这也是一个虚构出来的、不断变化的想法，因为随着时间的推移，"在那些被定义为'自然'的东西和非自然的东西之间，界限已经逐渐发生了变化"。[1]

然而，以下数据有助于我们反思。根据约尼·西格（Joni Seager）的研究，2016年，在全球范围内，85%至90%的整形手术是在女性身上完成的。此外，接受整形治疗者的年龄门槛正在不断降低。[2]

2019年，意大利进行了约1,088,704例美容医学或整形外科手术，与前一年相比增加了7.8%（2018年为1,009,200例），进一步巩固了该行业五年多以来的增长趋势。[3]新冠肺炎疫情更是促成了进一步的激增：2021年，需求比2019年增加了67%，比2020年增加了130%。在2021年的前六个月，仅面部修整的需求就比2020年增加了50%，比2019年增加了70%。[4]

Dottori.it是一个预订专业医疗检查和医疗服务的网站。该网站的安杰拉·玛丽亚·阿维诺（Angela Maria Avino）和意大利肉毒杆菌美容治疗协会（Aiteb）的萨尔瓦托雷·皮耶罗·丰达罗（Salvatore Piero Fundarò）声称，在2020年，通过该网站预约的治疗

---

[1] R. Ghigi, *Per piacere* cit., p. 46.
[2] 数据来源：J. Seager, *Atlante delle donne*, add editore, Torino 2020.
[3] 数据来源：Osservatorio Aicpe, Associazione italiana chirurgia plastica ed estetica, 31 gennaio 2021.
[4] *Chirurgia plastica, l'esperto: «A Natale il "ritocchino" è tra i regali piú desiderati»*, in «da Repubblica Napoli», 14 dicembre 2021.

总量已经增加了20%。[1]在2020年5月至2021年5月间，最受欢迎的身体治疗是腿部吸脂术（+31%）和缩胸手术（+29%）。此外，腹部吸脂术（+26%）、隆胸手术（+23%）和腹部整形术（+16%）也广受欢迎。

面部微创整形治疗的增长尤其强劲，例如焕肤、激光、无针生物活化、填充和肉毒杆菌。现在任何年龄的人都可以进行此类治疗。眼睑整形、微拉皮、鼻整形和耳整形等手术数量也在增加。弗朗切斯科·丹德雷亚（Francesco D'Andrea）教授是费德里克二世大学的整形与美容外科系主任。他表示，多年来整形治疗的总量一直在增加，因为"人们不会放弃美，今天比过去更甚。美已经成为一种与生活质量相关的初级产品"。[2]

特别需要提及的是，根据意大利整形、重建和美容外科协会（Sicpre）的数据，近年来，涉及30岁以下男女群体的面部手术数量增长了15%。而根据意大利美容医学会的数据，略低于一半的意大利青少年希望借助整形外科手术来改善他们的面部外观，原因是智能手机的广泛使用，以及他们希望不借助应用程序的滤镜也能获得完美的自拍效果。

除了各种推论，我们在2020年夏天已经看到，面部修整类的治疗不断增加，这可能是由于视频通话变得频繁。人们需要在数字

---

[1] S. Cagnazzo, *Chirurgia plastica ed estetica: in un anno +20% di prenotazioni di trattamenti*, in «da Repubblica», 3 giugno 2021.
[2] *Chirurgia estetica, Natale 2021 all'insegna dei ritocchini: «Quelli dell'ultimo minuto tra i regali piú desiderati»*, in «Il Mattino», 13 dicembre 2021.

世界中展示自己的脸，于是开始看到并苛责未曾发现的一系列"缺陷"，这在年轻人中间也不例外。[1]

美的神话之于男人

在男人生活的世界里，人们更欣赏他们能做什么，而不是他们如何展示自己。外界的评价不仅影响到一个人如何被世界看待，也影响到一个人如何看待自己。这就能解释，为什么这么多女性花费了大量的时间来决定她们在上学的第一天或工作的第一天，以及在公共活动中、自己的婚礼上或者其他人的婚礼上该穿什么。

然而，有关客体化理论的实验显示，被客体化的男性样本也在增加，这对男性如何看待自己的外表产生了越来越多的负面影响。[2] 这一切发生得非常迅速：短短几年的时间里，美容业已经开始诱发新需求，使得男性的身体也成了探究的对象。[3]

---

1 *Chirurgia plastica, anche in Italia spopolano gli interventi* «da *selfie*», in «Corriere. it», 25 luglio 2020.
2 R. Ricciardelli, K. A. Clow e P. White, *Investigating Hegemonic Masculinity: Portrayals of Masculinity in Men's Lifestyle Magazines*, in «Sex Roles», 63 (1-2), 2010, pp. 64-78. D. A. Rohlinger, *Eroticizing Men: Cultural Influences on Advertising and Male Objectification*, in «Sex Roles», 46, 2002, pp. 61-74. M. J. Thompson, *Gender in Magazine Advertising: Skin Sells Best*, in «Clothing and Textiles Research Journal», 18, 2000, pp. 178-81. R. H. Kolbe e P. J. Albanese, *Man to Man: A Content Analysis of Sole-male Images in Male-audience Magazines*, in «Journal of Advertising», 35, 1996, pp. 1-20.
3 P. J. Johnson, D. R. McCreary e J. S. Mills, *Effects of Exposure to Objectified Male and Female Media Images on Men's Psychological Well-being*, in «Psychology of Men & Masculinity», 8 (2), 2007, pp. 95-102.

2004年，赫布（Hebl）、金（King）和林（Lin）三位学者重复了"泳装"测试，发现这一范式对男性也有明显的影响。这些学者认为，在男性身上，同样出现了自我客体化操纵方式的改变。根据美国的一些研究，在不到三十年的时间里，由于广告传递的信息强调体力和性支配力，对自己身体不满的男性比例比之前增加了两倍。[1]男人不该显得瘦弱，而应该强壮、肌肉发达、敏捷、有活力。

在1950年到1990年间，媒体描绘的男性体型不断增大，模特的肌肉量也不断增加。[2]与此同时，反向厌食症或阿多尼斯情结开始蔓延，也就不令人意外了。这是一种饮食失调：人们觉得自己太瘦，从而过分地增肌，强迫性地运动，使用兴奋剂产品，过度控制饮食。[3]

在杂志、报纸上和广告里，男性的体毛也逐渐被污名化，于是各种解决方案应运而生：特殊产品、脱毛蜡、舱内治疗。例如，2020年10月10日，一篇关于多毛男性的文章出现在妮维雅官网上。文章写道："在21世纪，任由男性的体毛在原本的位置上生长，不仅不时尚，也相当荒谬。人们的品味已经改变，现代男性气质的模

---

[1] R. Olivardia, H. G. Pope jr., J. J. Borowiecki III e G. H. Cohane, *Biceps and Body Image: The Relationship Between Muscularity and Self-Esteem, Depression, and Eating Disorder Symptoms*, in ivi, 5 (2), 2004, pp. 112-20.

[2] B. L. Spitzer, K. A. Henderson e M. T. Zivian, *Gender Differences in Population Versus Media Body Sizes: A Comparison Over Four Decades*, in «Sex Roles», 40, 1999, pp. 545-65.

[3] G. Cafri, J. K. Thompson, L. A. Riciardelli, M. P. McCabe, L. Smolak e C. Yeselis, *Pursuit of the Muscular Ideal: Physical and Psychological Consequences and Putative Risk Factors*, in «Clinical Psychology Review», 25, 2005, pp. 215-39; H. G. Pope, D. L. Katz e J. I. Hudson, *Anorexia Nervosa and Reverse Anorexia Among 108 Bodybuilders*, in «Journal of Comprehensive Psychiatry», 34, 1993, pp. 406-9.

板——无论是足球运动员、流行歌星还是色情明星——都变成了皮肤光滑的男人。"这篇文章还建议,最好现在就去除背毛,因为它"即使在将来也不会被接受"。

显而易见,这是为了推销脱毛产品,依靠的是一种基于欠缺感的营销策略。这套系统和数十年来针对女性的系统极为类似,其目的是改变人们的想象:如果说在此之前,男性的体毛与阳刚气概相关,那么从现在开始,阳刚的、文明的男人必须拥有光滑的皮肤,而且去除了毛发。这篇文章在社交媒体上受到强烈批评,几小时之后就被删除,但它释放出一个明确的信号,而且很不幸,它并不是孤立存在的。

有关自我客体化的研究还表明,在美的问题上,产生欠缺感并不是女性的专利,而是一种文化的产物;如果男性在未来仍受到类似话语的影响,我们也会在他们身上看到同样的负面效应。而这一切已经在发生了。

不幸的是,以上这些针对男性的举措之所以出现,仅仅是鉴于男性对美容这个领域的兴趣并不大,为了创造新需求、将新产品投入市场,以增加美容行业的营业额,美容行业就呼吁男性对自己的身体产生负罪感,然后为迎接女性评判的目光而改造它。

第八章
美之谜

> 在这里,美是唯一的目的。
>
> ——西蒙娜·韦伊

　　此时此刻我们不禁要问,我们称为美的东西是否真的存在?有什么东西或者什么人,能在客观上被判定为美的吗?是不是既存在真正的美,也存在虚假的美?我们作为人类偶然体验到的美感是真实的吗?抑或这种"美"仅仅是我们为一种转瞬即逝的感觉起的名字?

　　当我们探讨美的神话时,人们时常提出,不要再使用"美"这个术语,因为它与刻板印象、评判的联系太过紧密。有人认为,我们应该为这种感觉创造另一个名字,这样就不用再追问自己什么是美,因为不可能将美与美的神话区分开来。

　　但是我的看法恰恰相反。我认为,重新发现贯穿了整个哲学史的美之谜,从来没有像今天这样重要。我们应该重新掌握它,试着采用一种自由的视角,将美从对身体的评判中区分出来,从需要遵守的规则和标准中区分出来,从被审视的感觉中区分出来。

　　说到底,对美的哲学思考始终是在尝试捕捉并阐释某种感觉,通过语言来描述一种情景、一件物体或者一个人所传达出的能量和情感。这种能量几乎从来都不是一个绝对值，但它一直提供了一个发现自我和自己身份的良机。

实际上，美学是一门关于感觉的科学（英文是"aesthetics"，来自希腊语"aisthesis"，意思是"感觉"）。也就是说，它与我们借助感官所感受到的东西有关。因此，它不是关于判断的，而是关于感觉的。换句话说，追问自己什么是美，就意味着努力去理解我们是谁、什么会触动我们、什么会让我们感动。美给我们带来冲击，提醒我们此刻置身于世界之中，而这世界既可以让人惊奇万分、赞叹不已，也可以让人无话可说。

因此，现在就让我们夺回对美的解释权，说出我们热衷的、催生我们渴望的和吸引我们的东西，不要去理会世人怎么说。我们要放弃这个念头：只存在一种美的范式和途径。

关于美，是否存在共识

安伯托·埃科（Umberto Eco）认为，美——人之美、自然之美，还有神、圣人和思想之美——从来都不是绝对不变的东西，而是在不同的历史时期和不同的国家，呈现出不同的面貌。[1]圣奥古斯丁（Sant'Agostino）写道："为什么美不以同样的方式去影响每

---

1 U. Eco, *Storia della Bellezza*, Bompiani, Milano 2004, p. 14.

一个拥有健全感官的人呢？"[1]哲学家色诺芬（Senofane）写过一个著名的片段："假如牛、马和狮子有手，或者能以人的方式绘画、建造纪念碑，马就会把神画成马的模样，牛会把神画成牛的模样，它们各自依照自己的样子来描绘神的形象。"[2]

不过，在什么东西具备吸引力这件事上，人们仍有可能达成共识：实际上，根据最近的一项研究，在同一文化背景的人群之间和不同文化背景的人群之间，对美的评估都显示出极高的一致性，而且不分性别和年龄。作为人类，我们倾向于用几乎相同的标准判定哪些人有吸引力、哪些人没有。[3]虽然我们强调这套标准是文化层面的，但也不能忽视生物层面的因素。例如，人们对身体魅力和美丽面孔的识别能达成一致，是因为这些都刺激了观察者的多巴胺分泌。[4]我们认为美的特征中有一些是我们认为的健康的表现，但健康与否并没有那么典型的特征；有一些是我们认为的年轻的征兆：女性的沙漏形身材和发亮的皮肤。对他者之美的认可是直接的、自动的，这就是为什么当觉得一个人的脸或者身体很美，忍不住去看他时，我们会感到窘迫。因此，很难判断进化机制和社会性的机制在哪里相交、在哪里不相交：本能和文化是否可以分开。

---

1 Agostino, *Confessioni*, 10, 6, 10, Mondadori, Milano 1996, vol. IV, p. 19.

2 H. Diels e W. Kranz, *I Presocratici. Testimonianze e frammenti*, 21b 15, 21b 16, Laterza, Roma-Bari 1990, vol. I, p. 172.

3 J. H. Langlois, L. Kalakanis, A. J. Rubenstein, A. Larson, M. Hallam e M. Smoot, *Maxims or Myths of Beauty? A Meta-analytic and Theoretical Review*, in «Psychological Bulletin», 126 (3), 2000, p. 390.

4 J. H. Langlois, L. Kalakanis, A. J. Rubenstein, A. Larson, M. Hallam e M. Smoot, *Maxims or Myths of Beauty?* cit., p. 390.

根据人类学家菲利普·德斯科拉（Philippe Descola）的观点，正是现代西方在自然和文化之间制造出一种对立，才由此催生了关于这个主题的海量文献，也促使人们思考，应该根据什么标准来区分自然事物和文化上层建筑。[1]德斯科拉认为，我们应该放弃并置对比的想法。毕竟，一切出生的东西、出现的东西、可见的东西都是自然的。因此，我们亲自赋予生命的一切，以及我们看待事物、看待世界和人的方式，也都是自然的。

从这个意义上看，把注意力聚焦在当前被判定为美的事物上，并观察其效果，会有所助益。娜奥米·沃尔夫认为："有一些特质，在某个时期被判定为女性美的特征，但它们其实是象征着那个时期被认为可取的女性行为：实际上，美的神话始终在指定某种行为，而不是外表。"[2]

到了今天，美其实是指不招人讨厌的、令人愉悦的、符合标准的东西。它是一种符合古典美学的理想，可衡量、可控制、可变现。你的美是一种资本，你要掌控它，要时刻意识到它的存在，还要思考怎样积累更多的美。这就能解释为什么一旦你的体形不符合标准，你就会被提醒：你没有付出足够的努力来增加自己的宝藏。

社交媒体和广告每天都向我们展示无数的美丽面孔，而在从前，一个人一辈子都不会看到这么多。这种状况之所以出现，一部分原因是我们现在有了方便的修改和操纵手段。这一方面导致我们

---

1 P. Descola, *Oltre natura e cultura*, Raffaello Cortina, Milano 2021.
2 N. Wolf, *Il mito della bellezza* cit., p. 7.

对美过度敏感，另一方面也使我们在没有达到标准时生出负罪感。

社交媒体和美的标准

前些年，每当我们离开家，或者来到一个陌生的环境时，总会有一种持续处于别人注视之下的感觉。而到了今天，由于社交媒体的普及，我们的身体已经成为每个人的知识对象。数字化生活已经改变了我们与自我展示之间的关系。除了远程工作和远程学习主要借助视频连线实现，人们对自己面部的关注也在增加：我们总是被迫知晓自己在镜头中的样子。我们的脸出现在个人简介的照片里，出现在被别人拍摄并标记的照片里（而在这些照片里，我们的样子总是糟糕透顶），也出现在谷歌搜索的结果里。无论在哪里看见自己的脸，我们都会注意到自己和几年前相比已经老了多少、眉毛多么不对劲、唇部的线条多么不流畅。想想《一个人，没有人和十万人》(*Uno, nessuno e centomila*)的主人公维坦杰洛·莫斯卡尔达，他意识到自己长了个歪鼻子，然后发了疯，就不难理解为什么这样的现状会深刻地损害我们的心理健康。

人们每天在网络上分享的照片数量没法儿统计，但根据估算，仅在Instagram上，每天就有超过一亿张照片被发布出来。在过去的年代，从来没有任何人受到过如此超量的刺激。因此，很明显，暴露于社交媒体上的海量图像中，正在对我们的个人身份、自我评价、对抗焦虑和精神健康产生影响。

我们已经看到，承担后果的不只是那些不符合美的标准的人，而是几乎所有人。这种海量的暴露，不光影响到发布照片的人，也影响到那些仅仅浏览别人照片的人。当我们在Instagram上看见一张照片的时候，很难不做出价值评判——针对这个人，针对他们选择以什么方式表现自己，也针对他们是否比我们更美。但重要的是，我们无须否认这种评判，也无须责怪自己：是我们看待事物的方式促使我们做出了评判。

社交媒体使人情绪低落

很多研究试图厘清社交媒体对情绪和自我形象的影响，而且这些研究仍在持续进行。例如，有研究人员用实验的方式调查了使用社交媒体对女性情绪和身体形象造成的影响，并将其与浏览线上时尚杂志的影响进行比较。参与者被随机分为三组：一组花十分钟浏览社交媒体，另一组花十分钟浏览杂志网站，最后一组是对照组，浏览的是兴趣网站。结果不难预见：浏览社交媒体的女性出现了比其他人更多的消极情绪。[1]

根据另一项研究，无论是女性还是男性，长期使用社交媒体都会催生客体化的身体意识，这反过来又形成新的刺激，增加身体羞

---

[1] J. Fardouly, P. C. Diedrichs, L. R. Vartanian e E. Halliwell, *Social Comparisons on Social Media: The Impact of Facebook on Young Women's Body Image Concerns and Mood*, in «Body Image», 13, 2015, pp. 38-45.

耻感,减少性自信。客体化的身体意识和身体羞耻之间存在联系,这在女性身上表现得更为明显,但是身体羞耻和性自信之间的关联似乎没有体现出性别差异。因此,根据这项研究,社交媒体让人们以外部观察者的视角最大程度地体验自我,从而对人的身体形象和性自信产生影响,无论是女性还是男性。[1]

为了对抗社交媒体上的失真、伪造和毒性正能量,女演员、女模特和意见领袖开始越来越多地展示自己的真实状态,同时谴责限制性过强的标准:发布不带滤镜的自拍、长有痤疮的照片以及在绝望和不快乐的状态下拍摄的照片,来表明这些才是正常情况,并不需要隐藏。但是,这就够了吗?

根据吉亚·托伦蒂诺的观点,这种反叛实际上是被驯化过的,它们丝毫没有对整个结构形成挑战,反倒饲养了社交媒体,因为它们创造了一种社会化"参与":"对一个系统的抵抗发生在系统设定的条件之内。"[2]这位加拿大作者认为,技术实际上降低了我们的对抗性,最大化地提升了我们作为市场上的商品的能力,并且不会触及关键的社会不平等问题:性别医学、最低工资、托儿服务的匮乏和政治代表权——这些才是事关女性处境的紧迫问题,但很难在Instagram上得到体现。

毕竟,每天都有女性一边在社交媒体上展示自己,一边为乱糟

---

[1] A. M. Manago, L. M. Ward, K. M. Lemm, L. Reed e R. Seabrook, *Facebook Involvement, Objectified Body Consciousness, Body Shame, and Sexual Assertiveness in College Women and Men*, in «Sex Roles», 72 (1-2), 2015, pp. 1-14.

[2] J. Tolentino, *Trick Mirror* cit.

糟的头发、黑眼圈、疲惫的脸、脱落的指甲油或者身体浮肿道歉，要不然就是为没有化妆或者穿着睡衣道歉。她们为自己不太体面的形象道歉，因为她们对脂肪、身体、粗大的毛孔、打结的头发怀有焦虑。这种焦虑相当牢固，既不会消失，也不会被抹去。所以要么预先做出声明，要么使用滤镜——它或多或少地起到了化妆的作用，能帮我们掩饰疲劳、黑眼圈和皱纹，但这样做的代价很高：我们总会感到不真实。

我们正在经历过去只有名人才有的一种焦虑。我们知道自己正在被看见、被观察、被窥视，关注我们的人里面甚至包括前男友、前同学或者讨厌的熟人。我们感觉受到了监督，事实上确实如此，就算远离社交媒体，我们也没法儿真正摆脱它的影响。

例如，在2020年春天，出现了一项"枕头挑战"：你要将一个枕头垂直放在身体前，不穿其他任何东西，然后用皮带把它绑在身体上。这样做的目的是证明一个人即使穿着如此荒谬的服装，也可以显得优雅和性感，以此来排遣疫情导致的隔绝感。我心不在焉地看了很多这样的照片，虽然兴趣不大，但不能否认，这类照片越是出现在我眼前，有一个想法就越迫切：哪怕我想参加这个游戏也办不到，因为我的腰太粗，枕头遮不住我。我相信，许多人都有和我一样的想法。

身体技术

如今，我们好像永远待在镜头前。从儿童身上可以明显看出一种文化变迁：我们敦促孩子们看镜头，制作搞笑视频；通过视频电话问候远方的祖父母，用有趣的滤镜改变他们的面部特征。如果说这些全都是坏事，还不如回到过去，不仅完全不现实，而且也不太厚道，因为数字设备为我们提供了许多便利。但是，我们不能忽视以下正在发生的事。

其实，我们的动作、走路的方式和拍照的方式并不是自然形成的，而是由我们所处的社会决定的。比如，可以试着回忆一下，有多少次，你看到人们在摆姿势拍照时把手放在胯部，并将肘部向后弯曲？这就是所谓的"瘦臂"技术，在这种姿势下你的手臂会显得更瘦。

这就涉及"身体技术"的概念，它是法国人类学家马塞尔·莫斯（Marcel Mauss）在20世纪30年代提出来的。它指明了习惯的社会性质：是一种习得的而非自然的东西。举例来说，莫斯意识到，他那一代人游泳的方式和年轻一代很不一样，因为游泳这个行为并不是一个自然事实，而是一种社会现象。[1]早在儿童学会游泳前，他们就已经接受了有关游泳的教导：必须克服"闭眼"这个条件反射，它出自本能，但很危险；要建立起对水的信心，抑制恐惧，培

---

1 M. Mauss, *Le tecniche del corpo*, ETS, Pisa 2018, p. 33.

养一种安全感；要正确选择游泳的动作。[1]

莫斯认为，这种理论适用于身体的任何行为：美国人走路的方式与法国人不同，但由于美国电影的影响（我们已经谈到过"软实力"的概念），它也在欧洲流行起来了——人们走路的时候开始调整胳膊和手的位置，调整拿包、拿帽子的方式。这一切都是在不知不觉中发生的，但又不可阻挡。

另一方面，身体是人类的第一件工具，也是最自然的工具。它是一个技术对象、一种技术媒介，因此使用它也需要技术。[2]所以，集合在一个人身上的行为不是由他一个人完成的，而是取决于他的教养、他身处的社会，以及他在这个社会中占据的位置。[3]我们受到条件的限制，同时为自己所做的一切或者别人所做的一切赋予价值；遵从身体技术对我们有利，能使我们感到被接纳、感到安全。

身体技术也与性别有关：根据所属的性别，我们会有一套特定的自我展示方式，性别也左右了我们"希望"以何种方式展示自己。有多少次，你看到一个女人对照片不满意，要求再多拍几张？这种事我们自己又做过多少次？男人的行为有所不同，因为性别的预设程序没有向他们传递同样的条件作用。

有些研究关注女孩在拍摄个人简介照片时，会选择什么样的服

---

[1] M. Mauss, *Le tecniche del corpo*, ETS, Pisa 2018, p. 35.

[2] M. Mauss, *Le tecniche del corpo*, ETS, Pisa 2018, p. 49.

[3] M. Mauss, *Le tecniche del corpo*, ETS, Pisa 2018, p. 51.

装和姿势，并从中发现了许多定势。¹众多研究还证实了一种普遍存在的看法：女性比男性更经常删除她们在社交媒体上的照片标签，因为她们相互嫌弃；而且女性使用照片编辑软件的频率也更高，因为她们对自己的自然外表不满意。这种情况不仅出现在年轻人身上，也涉及那些试图隐藏痤疮和皮肤毛孔、想要改变鼻子形状和面部线条的青少年，以及青春期之前的孩子。²

美的救赎

以上就是一套庞大的针对身体的条件作用系统，它影响着我们的行动方式和拍照的姿势。面对它，我们如何才能在谈论美的同时不陷入美的神话？

哲学家韩炳哲（Byung-Chul Han）认为，在当下，被认为美的东西看起来应该是平滑的、明确的、没有粗糙感的。这就使很多截然不同的东西有了共性，比如杰夫·孔斯（Jeff Koons）的雕塑作品、苹果手机的屏幕和脱毛。³我们生活在一个积极的社会里，一切都在被驯化，所有反抗都变得无害，平滑的伦理观占据主导地

---

[1] S. Kapidzic e S. C. Herring, *Gender, Communication, and Self-Presentation in Teen Chatrooms Revisited: Have Patterns Changed?*, in «Journal of Computer-Mediated Communication», 17 (1), 2011, pp. 39-59.
[2] T. H. H. Chua e L. Chang, *Follow Me and Like My Beautiful Selfies: Singapore Teenage Girls' Engagement in Self-Presentation and Peer Comparison on Social Media*, in «Computers in Human Behavior», 55, 2016, pp. 190-97.
[3] B.-C. Han, *La salvezza del bello*, Nottetempo, Milano 2019, p. 9.

位。不能扰乱美,不能惹人讨厌。

这是一种与愉悦感相连的美。它确证了对主体世界的一种描述,它不能冒犯或者激怒这个主体,而且必须引导主体获得自我满足。它是一种不动摇、只确证的美。[1]

埃德蒙·伯克(Edmund Burke)已经把这一观点理论化了,他在18世纪写道:"取一件美丽的物品,给它一个破碎、粗糙的表面,它就不再令人愉快,尽管其他方面可能很好。因此,即使缺少许多别的元素,只要不缺这一点(平滑),这件物品就会变得比不具备这一特征的其他物体更令人愉快。"[2]因此,美必须确证并代表一种完全主观的感受:从美中获得的满足其实是主体对自身的满足。

对韩炳哲来说,这种"将健康和平滑之物绝对化的审美力,恰恰消除了美"。[3]美应当是一种可叠加于崇高之上的东西,因此有必要回到美本身,赋予它一种去主体化的、不会被内化的崇高性。换句话说,美是一种超越狭隘自我、超越我们喜好和身份的东西。

美也是一种会带来痛苦的东西。如今,我们都惧怕痛苦,并且竭力避免它,然而,美绝不仅仅是令人愉悦的,因为"痛苦的否定性使美变得更深刻了"。[4]哲学正是从这种痛苦中诞生的——人们面对世间的美感受到了惊讶和恐惧。[5]正因为如此,阿多诺写道:"在

---

[1] B.-C. Han, *La salvezza del bello*, Nottetempo, Milano 2019, p. 26.

[2] E. Burke, *Inchiesta sul Bello e il Sublime*, a cura di G. Sertoli e G. Miglietta, Aesthetica, Palermo 1991, p. 130.

[3] B-C. Han, *La salvezza del bello* cit., p. 58.

[4] B-C. Han, *La salvezza del bello* cit., pp. 25-26.

[5] 柏拉图曾指出,"thauma"(惊奇)就是哲学家的标志,是哲学的开端。——编注

美的事物面前产生的痛苦（没有哪种痛苦比人在自然中的体验更饱满），同样是对美所许诺之物的渴望。"[1]

因此，这就涉及一种渴望、一种与其他存在形式之间的张力。这种存在形式无法回应表演性社会所设定的模式和规则，而与未知之事、未解之谜相关。这种看待事物的方式在今天看来既抽象又难以理解，恰恰是因为美包含了一些野性的东西，而创造出美的神话的社会却正好相反：它需要人们控制和评估，追求享受、避免痛苦。

因此，美是对相异性的寻求，是一种心流体验，而自我客体化恰恰阻止了人们获得充分的心流体验。正因为如此，我不相信停止探讨美是一种解决方案，我的主张正好相反：我们应该试着重新夺回对美的解释权，它应该更像一种质询，而不是一个肯定的答案。美是一个秘密、一种直觉，是在越发可测的世界中打开的一道裂缝。美和情欲有相似的地方，因为情欲有关紧张和欲念，是"呈现—消失的行为"。[2] 美能够打破表演性社会的体系，而不为这套体系服务。如果说社会给一切都标了价，那么，美并不具备消费、透明和空虚等特征，而是粗糙的、痛苦的、处于隐藏状态，人们必须去主动寻找它。

从这个意义上讲，过度暴露在数字影像之中，不仅会改变我们的想象，还会使我们感到羞耻、内疚、产生依赖，害怕失去一些东

---

[1] T. W. Adorno, *Teoria estetica*, Einaudi, Torino 2009, p. 124.
[2] R. Barthes, *Il piacere del testo*, Einaudi, Torino 1975, p. 9.

西、害怕被遗忘（这是一种名叫"错失恐惧症"的社会性焦虑，意思是害怕错失）。它使一切变得容易获取，包括我们不需要的东西。而美则需要张力，也就是图像和观看它的眼睛之间要存在距离。

因此，伴随着沟通渠道的发展，美的疾病也增加了，这并非偶然。实际上，这种美并不会激励我们，而是令我们愧疚。它并不会促使你提出新问题，反而把你挤压到惯常的思想困境里。它让你相信自己不够好，还迫使你把目光固定在身体的边界上。

在这一波刺激下，真正的美消失了，取而代之的是一种虚假的美，其本质是消费。对美的消费就是对身体的消费，是身体商业化的结果：毕竟，这些都是资本主义的产物，是它向我们展示了什么美、什么不美。它为我们提供了一套美的模式，要求我们不再向别处找寻美。

美的神话是表演性的，因此它不具备隐秘性，它的手段就是它的目的。表演性社会利用沟通和效率来创造更多的沟通和更高的效率，它不影射任何超越它的东西，只复制别的表演。它不是达成更高目标的工具，而是目标本身。然而，我们最真实的部分是不能被降格为表演的。存在于世的复杂性恰恰与我们的表演相反。实际上，人类需要崇高性，需要不能被货币化的关系，也需要一个可以沉思的生命空间。[1]

正因为如此，我们需要认真考虑一种摒弃了消费的美。正如叔本华所写："美带来的审美乐趣很大程度上在于，我们进入到纯粹

---

1 M. Gancitano e A. Colamedici, *La società della performance* cit., pp. 33-34.

的沉思状态,暂时摆脱了所有的意志活动。也就是说,摆脱了所有的欲望和焦虑,就好像从我们自己之中解脱出来一样。"[1]

归根结底,我们渴望一种不平滑的美,它代表着"呈现于感官的概念",或者说"作为'概念与实在的统一体'的理念"。[2]它是一种有活力的、有生命力的形式,不仅塑造了现实,也将现实的各个部分重新整合为一个有机的整体。今天,在这个海量数据和理论危机并存的社会里,我们必须有勇气承认这样一个事实:我们仍然需要黑格尔式的概念,需要一种容纳一切的东西,它能够"使无数的个别性相由分裂状态回到统一,以便集中成为一个表现和一个形象"。[3]

美是自由的、真正独立的;它不是商品,不能被消费、被宣传、被拥有;它不会引起无聊和不满(就像我们刚买完东西,或者浏览社交媒体却没发现任何感兴趣的内容时那样)。但在这样一个惧怕沉思、一切都可以标价的社会里,我们怎么才能相信这样的美真的存在呢?

今天被我们定义为美的东西,是那些能创造参与感和流量、能触发点赞和分享的东西,也就是能引起关注的东西。哪怕不再接受瘦这种模式,我们也仍然会落入某个目标消费群体:只要继续将美与消费需求联系在一起,就会有其他更受欢迎的模式提供给我们,

---

[1] A. Schopenhauer, *Il mondo come volontà e rappresentazione*, trad. it. di P. Savj-Lopez e G. De Lorenzo, Laterza, Roma-Bari 1991, p. 509.
[2] G. W. F. Hegel, *Estetica*, Einaudi, Torino 1997, p. 134.
[3] G. W. F. Hegel, *Estetica*, Einaudi, Torino 1997, p. 173.

也会有其他类型的模特出现——她们会拥有和我们更相似的身体和更接近的特征。

这种机制不仅具有美学效用，而且具有政治效用，因为它使我们处于一种镜像状态，使我们自我重复，没法儿从自己身上解脱出来；不让我们动摇，也不给我们逗留的时间。在今天，美总是以产品的形态出现，且必须被迅速消费掉，并立即让人感到愉悦。

第九章
如何冲破牢笼

> 我们变成了一块破帆布，除非把这块破帆布上所有的线都重新缝起来，否则我们就永远无法得到拯救。
>
> ——罗萨纳·罗桑达

这段美的神话之旅走到了尽头，我们有必要问问自己，怎么才能摆脱它，真正有效的方法是什么？

答案似乎很简单：只需要记住有多少图像经过了修改，有多少标准是错误的；记住每个人都有权以本来面目受到尊重，无论他们具备什么特征。然而，该领域的研究清楚地表明，这还远远不够。

媒介素养

媒介素养指的是知晓广告图像的力量，但这并不能减轻图像本身的负面影响。尽管我们知道，我们看见的东西是一种不可能实现的理想，甚至不应该成为我们的愿望，但我们仍然会渴望它，会为没法儿实现它而感到自责。

因此，这是一种深入人心、很难反抗的媒介压力，它比表面上的样子更狡猾。即使有免责声明,似乎也不是很有效(免责声明是一种通告,一般伴随广告出现,或者出现在符合美的理想的图像上,告知图像经过了修改这类情况)。根据一些研究,插入免责声明不仅没用,而且在很多情况下有害,因为它把人们的注意力吸引到对美的表现上,进一步把人们推向自我客体化。[1]

另一个坏消息是,女性主义意识也不是真的有效:它确实有助于批判与美相关的文化压力,也有助于了解媒介如何操纵现实、引发对身体的不满,但它并没有改变女性对自己身体的看法。近期有二十六项研究表明,就算你学会了留意周围发生的事,当你站到镜子前的时候,仍然会觉得不对劲。[2]

此外,花大量时间浏览媒体图像,或者在社交媒体上对有关女性形象的描述愤愤不平,可能会在总体上提高女性主义意识,但也会让人对这类描述更敏感,从而变得更脆弱。美的神话就像赌博游戏里的庄家,永远会赢,因为是它掌管着这场游戏。这就是为什么女性主义到最后往往被驯服。"如果多出的两千克体重破坏了一个人的自尊心,这个人就没法儿再挑战权力结构了。如果一个人确信自己是丑陋的、不可见的,就很难为自己相信的东西奋斗。"[3]

这一切往往是在我们没有意识到的情况下发生的,因为解构神

---

[1] L. Selimbegović e A. Chatard, *Single Exposure to Disclaimers on Airbrushed Thin Ideal Images Increases Negative Thought Accessibility*, in «Body Image», 12, 2015, pp. 1-5.
[2] S. K. Murnen e L. Smolak, *Are Feminist Women Protected from Body Image Problems? A meta-analytic review of relevant research*, in «Sex Roles», 60 (3-4), 2009, pp. 186-97.
[3] R. Engeln, *Beauty Mania* cit., p. 458.

话是一个漫长的过程，需要持之以恒的努力，而图像的效果激起的是我们无从控制的本能反应。在这方面，心理学家基思·斯坦诺维奇（Keith Stanovich）和理查德·韦斯特（Richard West）讨论了两种系统，它们分别对应两种思维模式：系统一，自动、快速地运行，几乎不用费力或者完全不用费力，需要少量的自主控制；系统二，运行缓慢，因为需要专注力，还需要复杂的计算和评估。丹尼尔·戈尔曼（Daniel Goleman）也提出过类似的概念，即"大路"和"小路"，它们代表了承载情绪的两种回路。小路神经系统与杏仁核的反应相关，杏仁核是一个杏仁状的神经结构，它以极快的速度对刺激做出反应，并与遗传性的刺激（恐惧和自我保护）关联；大路神经系统正好相反，它先将同样的刺激传送到大脑皮层高级中枢（这里储存着我们的阐释模型），接受其操作建议，然后返回杏仁核。换句话说，小路神经系统为我们提供快速反应，不经过我们的逻辑—理性部分；而大路神经系统为我们提供选择，也就是允许我们判断、评估并决定如何行动。

因此，我们不能为做出了什么反应而自责，因为要阻止这些反应会非常困难。研究人员称，面对修饰过的照片，唯一可能的解决方案是合上杂志、停止关注社交账号、取消订阅让我们不快的那些新闻推送。换句话说，就是远离。如果媒体图像被设计得极其强大，那么限制它们的唯一办法就是不要接触它们，即改变你的媒体信息摄入习惯。

我个人认为，这还不是真正的解决方案，一方面是因为它并不总是可行，另一方面则是因为它会剥夺我们做事的乐趣，让我们对外部世界感到焦虑和恐惧，因为上述图像随时可能出现。

你现在的样子很美

近些年出现了大量的广告营销活动，力图让女性确信自己的美。然而，这些举措背后至少隐藏了两个关键事实：第一，美仍然处于这些广告话语的中心；第二，其最终目的始终是销售产品。

仅仅说出"你现在的样子很美"，或者重申每个女人都有自己独特的美，并不会改善我们与自己的关系。一部分原因是，这样做会使人们把个人价值与自己所展现的美联系起来。就和媒介素养涉及的情形一样：不只目标被忽视了，还产生了相反的效果。

最著名的例子是多芬的广告。该公司首先进行了一项调查，结果显示，全世界只有2%的女性认为自己是美丽的。因此，这家公司在2004年发起了"真实之美"活动，以"帮助女性发现真实之美的力量，并创造一个使美成为安全感来源而非焦虑之源的世界"。随后几年，多芬公司又推出了其他的广告活动，比如"女儿们"和"选择美丽"。

这些操作背后的理念仍然没变：每个女人都应该感到自己很美，应该去发现自己的美、去观察自己，而不要自我评判。但问题在于，这样一来，女性之美仍然是叙事的中心支柱；然而，这种状况又是不可避免的，因为这场提高认识的活动的组织者是多芬这样的公司，这就决定了它同时也是一项广告和营销举措，目的是让品牌更靠近美容产品的忠实消费者。虽然一家美容产品公司可能真的想帮助女性克服她们的不安全感，但它也需要这种不安全感来销售产品、增加营业额。

功能状态

有人问男性和女性对身体的看法有什么不同，答案是男性有一种功能主义的倾向。也就是说，他们把身体看作执行某些功能的工具，而不是装饰的对象。男性将身体视为一个整体，而不是需要修改和调整的一系列独立元素。他们更关注身体的能力而不是外观：我的身体能做什么？我可以让它变得更强大吗？事实上，在英语里，表示男性美的形容词是"handsome"，它来自"handy"，表示"具有功能的、实际的、有用的"。

而女性已经习惯了被看作、被表现为、被讲述为零散的碎片。最终，她们也感知到自己是零散的碎片。这不仅仅是对身体的感知，也是对身份的感知。我们感到自己支离破碎、充满冲突和矛盾。

对男人来说，身体是一件他熟悉的、能用来做事的工具，为此他心存感激，并不把它看作敌人，也不会用节食和繁重的训练来对付它。因此，许多专家给女性的建议是，学会将自己的身体视为一种物理资源，去培养自己的功能状态。[1]

然而，如果我们回看马克斯·韦伯（Max Weber）所写的内容，就会注意到，"人的身体具有功能性"这种想法也有矛盾之处。韦伯认为，将一个人的身体视为具备某种功能的机器或器械，是工业社会造成的结果。在这种推力下，人类越来越把自己视为一套复杂系统里的齿轮，而这套系统必须有所产出，必须保持活跃："人的生理—心理官能完全适应了外部世界、工具和机器的需要，简言之，它被功能化了。"[2,3] 人"被剪除了由他的机体所决定的天然节奏；按照劳动程序的要求，通过系统地拆解各个肌肉的功能，并创造出体能的最佳经济性[4]，他适应了一种新的节奏"。[5,6]

现代性的官僚机构和生产机构说服我们成为高效、"精确"、"始终合乎理性"、"有条不紊训练"的人。所有这些目标似乎都与自我照护有关，但实际上，它们的驱动逻辑是一样的：身体也和其他事物一样，其内部有一种可以被利用的力量。我们再一次与表演性社会发生了碰撞。

此外，驱使我们做整理、做清洁等与美的宗教相关的劳动的责任感，也经常被贴上"自我照护"的标签，这使它变得更加隐蔽，

---

[1] S. M. Noll e B. L. Fredrickson, *A Mediational Model Linking Self-objectification, Body Shame, and Disordered Eating*, in «Psychology of Women Quarterly», 22 (4), 1998, pp. 623-36.
[2] M. Weber, *Economia e società*, Edizioni di Comunità, Milano 1995, vol. IV, p. 268.
[3] 此处译文引自《经济与社会》（第二卷），马克斯·韦伯著，阎克文译，上海人民出版社，2020年版。——译注
[4] 经济性指主体以相对最少的投入，获取相对最大化的利益。——编注
[5] M. Weber, *Economia e società*, Edizioni di Comunità, Milano 1995, vol. IV, p. 268.
[6] 此处译文同引自阎克文版本《经济与社会》（第二卷）。——译注

但它令人沮丧的程度没有减轻。[1]事实上，有一些表达方式和术语利用了与个人力量和健康相关的概念，已经开始受到女性杂志和广告的青睐，但它们基本上只传达出相同的信息。[2]正如吉亚·托伦蒂诺所写："20世纪中叶的杂志建议我们花费时间和金钱，为了我们的丈夫而变得更加光彩照人。现在，我们可以互相建议做同样的事，只不过这次是为了我们自己。"[3]

培养积极的自我形象

许多研究者试图弄清哪些女性有积极的自我身体形象，她们又有什么样的行为。最终的结论是，这些女性不太重视美，同时学会了无视有害信息。[4]这是一个整体论的模型：当女性在大部分情况下都只处理积极信息，并拒绝那些消极信息时，她们对身体的投入就会减少，对身体的评价也变得更积极。[5]研究结果表明，培养积

---

[1] H. Widdows, *Perfect Me. Beauty As an Ethical Ideal*, Princeton University Press, Princeton 2018.
[2] T. Brodesser-Akner, *Losing It in the Anti-Dieting Age*, in «The New York Times Magazine», 2 agosto 2017.
[3] J. Tolentino, *Trick Mirror* cit.
[4] L. Avalos, T. L. Tylka e N. Wood-Barcalow, *The Body Appreciation Scale: Development and Psychometric Evaluation*, in «Body Image», 2 (3), 2005, pp. 285-97.
[5] N. L. Wood-Barcalow, T. L. Tylka e C. L. Augustus-Horvath, *"But I Like My Body": Positive Body Image Characteristics and a Holistic Model for Young-Adult Women*, ivi, 7 (2), 2010, pp. 106-16.

极的自我身体形象可能是一种有效的干预策略。[1]

如何在实践中达成这个目标？专家们认为，人们必须培养对自己的同情心，以便欣赏自己身体的特殊性和独特性，同时抛开那些与外表有关的念头，解放头脑。从这个意义上看，解放需要我们向外部世界开放自己，并认识到，美的神话激起的耻感不是个别事实，也不是虚弱的表现或者个人问题，而是社会经济的产物。通过这种方式，我们就有可能夺回为了体面而花掉的时间和金钱，并且重新掌控充斥于头脑中的想法。

解放也和进行体育运动有关，因为运动能带来快乐。运动无须以改变外表为目的，只需要关注它带来的感觉以及它对健康和总体幸福感的影响。[2]另一个建议是仔细选择服装，应该选那些不会分散注意力，让你感觉良好、行动自如且不会招致身体监控的衣物。此外，还要避免谈论和抱怨一些话题，包括你有多胖或者有可能变胖（肥胖谈论）、你有多老或者有可能变老（老龄谈论），以及你有多丑（消极身体谈论）。[3]

这些建议虽然有用，但似乎还不够，而且很难持续地实施。考虑

---

[1] E. Halliwell, *The Impact of Thin Idealized Media Images on Body Satisfaction: Does Body Appreciation Protect Women from Negative Effects?*, in «Body Image», 10 (4), 2013, pp. 509-14.
[2] 事实表明，那些通过锻炼来改变自己外表的人有更大的可能感到不满，并出现饮食失调。T. F. Cash, P. L. Novy e J. R. Grant, *Why Do Women Exercise? Factor Analysis and Further Validation of the Reasons for Exercise Inventory*, in «Percept Motor Skill», 1994; T. L. Tylka e K. J. Homan, *Exercise Motives and Positive Body Image in Physically Active College Women and Men: Exploring an Expanded Acceptance Model of Intuitive Eating*, in «Body Image», 15, 2015, pp. 90-97.
[3] C. B. Becker, P. C. Diedrichs, G. Jankowski e C. Werchan, *I'm Not Just Fat, I'm Old: Has the Study of Body Image Overlooked "Old Talk"?*, in «Journal of Eating Disorders», 1 (1), 2013, p. 1.

到以上因素，还需要做些什么才能化解对自己外表的消极想法呢？

我认为答案在于自我照护，可以把它理解为个人发展历程的一部分。我们需要将注意力投入到情感、欲望、才华、计划中，尝试恢复被美的神话削弱的感知力。自我照护关系到我们设定的人生意图，即更好地采取行动；它同样关系到一种觉悟：照顾好自己意味着照顾好身边的一切，从而也照顾好我们的行动对他人产生的影响。换句话说，自我照护意味着为自己的存在赋予意义，并追寻自己的激情。

让我们想象一下，就像古代哲学家所说，每个人一生中都有一个精灵陪伴左右，精灵越好、越有能力，人将要度过的一生就越值得，这就是幸福。并非偶然，在古典希腊语中，有一个词的意思很接近"幸福"，它就是"eudaimonia"：从字面上看，幸福就是一个人拥有一个好的（eu）精灵（daimon）。

换句话说，当一个愿望、一种志向、一个模糊的念头变成了一个项目、一条可以遵循的路径、一个方向时，你就会感到幸福。

人人都有不同的愿望、优先事项和价值观，这些都有可能在生命历程中起变化。我们需要真诚地告诉自己这些东西是什么，并且要将尽可能多的时间花在这些事物上。绽放的过程需要沃土，也就是充分的注意力，它能让人辨认出那些蓄势待发的东西，以及有时候难以预测的东西。

因此，培养积极的自我形象就意味着给很多东西留出空间：我们身上尚未显现的东西、一想到就会快乐的东西、能让我们拥有心流体验的东西，以及让我们忘记其余一切（包括美的义务、对自己的评判和对污名的恐惧）的东西。

逃离有关肥胖、光鲜形象的谈话是必要的，但如果不培养一些能给自己的生活带来意义的东西，就还远远不够，因为美的神话总会渗入它认为缺乏意义的地方。因此，培养积极形象的关键不在于隐藏或者剥夺自己的东西，而在于将自己的精力投向创造性的方向。

有一点至关重要，我们应当训练自己给一些东西留出空间：那些让我们感到如鱼得水的东西，以及在做的过程中能带来幸福感的事情。从这个角度看，培养积极的自我形象能改变的不仅是自己，还有自己所处的环境，以及自己与其他人、与公共空间的关系。

一些女人对抗另一些女人

有句老话说："女人是其他女人最大的敌人。"这就是说，并不是男人或者这个社会对女人有意见，而是女性群体可能出于生理原因而对自身有意见。

之所以有这种看法，是因为女性被当作一种理应维持和谐的生物，她们在这个世界中既要展露决心，又要和平共处。如果两个男人为得到同一份工作而发生冲突，他们或许会被认为过于自信、过于凶悍，但不会被斥为疯狂或者同性相争。

维持姐妹情谊就要困难得多。事实上，女性经常被视为彼此的敌人。因此在社交媒体上，很多对女性形象的评判都是其他女性写下的。然而，这种行为背后的原因要从社会系统中寻找，正是这套系统让我们相信权力、知名度和快乐都是稀缺的。

美的职责将女性困在孤立状态下，这是因为任何人一旦被孤立，就会变得更脆弱，也就更容易管理。美的神话对于推行这一策略极其有效：一方面，它督促我们只考虑自己；另一方面，它让我们不断地与别人做比较。

身为女人，我们一直被教导要把"另一个女人"看成潜在的敌人，永远不能完全信任她。数千年来，男人们都在描绘恶毒的、充满诱惑力和欺骗性的女性形象，这也促使女性从其他女性身上寻找不完美、失衡和夸张之处。一个幸福的女人会引起你的忌妒，迫使你非要找出她的问题、隐藏的东西和弱点。

毕竟，正如詹妮弗·圭拉（Jennifer Guerra）所说，否认竞争的存在或将其视为原罪或者过错根本没有意义。[1]它是一整套系统结下的果实，是我们自小习惯的那种凝视的一部分，是一种源自忌妒和恐惧的凝视，很难丢开。它向我们预示一种使现有生活岌岌可危的威胁，会让我们立刻产生警觉：一个更漂亮、更年轻、更有魅力的女人可能夺走我们的伴侣、追随者的注意力、我们的工作、孩子的爱、朋友的陪伴。于是我们将其他女性客体化，并且开始评判她们，这成了一种自我保护的方式。这样一来，我们在看起来更光芒四射的那些人面前就不会感到低人一等。说到底，就是另一个女人激起了我们的紧张感，我们又把这种紧张转化为忌妒、蔑视和恼

---

1 J. Guerra, *Il corpo elettrico*, Tlon, Roma 2020, p. 44.

怒。会有这种紧张感，往往是因为我们从她身上看到了强大的力量，而我们自己似乎缺乏这种力量。

要想把这种紧张感转化为渴望和赞赏，把对失去已有成就的恐惧转化为信心，需要很大的勇气。这个问题不仅出现在同龄人和同辈之间，更出现在不同代际之间。今天，意大利的女性主义运动存在巨大分歧，第四波女性主义浪潮中的新生代女性主义者与第二波浪潮（传统女性主义）中的女性主义者之间矛盾重重；这些矛盾产生的原因也许可以从刚才的叙述中找到。

仿佛接力棒的传递从来没有发生过，仿佛相互之间的恐惧从来没有被克服。在20世纪90年代，娜奥米·沃尔夫写道：

> 我们亟须代际间的接触。我们受到了这样的规训：如果还年轻，就会羞于认同年长女性；如果已经成熟，就会对年轻女性态度苛刻，对她们不耐烦、不屑一顾。美的神话被人为地构思出来，使不同代际的女性互相对立。[1]

然而，我们本该有共同的敌人，女性的自我表达本该属于所有女性。但这种情况几乎不存在。这就是为什么我们不能只是躲开美的模板、移走视线、努力获得自信和自尊。这些还远远不够。我们必须重新获得表现自己的力量，不要竞争，不要操纵，不要在别的女性周围制造焦土，以占据她们的位置。

---

1 N. Wolf, *Il mito della bellezza* cit., p. 324.

沃尔夫还认为，我们学会了互相惧怕，我们相信别的姐妹拥有一种谜一般的秘密武器，它异常强大，可以用来对付我们，它就是美。因此，美的神话具备一种破坏性的力量。[1]

如果整套系统针对的是我们这种性别，那么个人路径就不足以对抗它：新自由主义体系希望我们采纳个人路径，它也有能力把女性主义者变成新的意见领袖，前提是美的神话之下那套话语（即社会经济和政治话语）没有被触及。市场为了维持活力，会接受任何批评；它甚至愿意对自己进行工具主义的批判，只要每个女人都继续保持孤独，只要每个女人在本质上都还是消费者。

实际上，变化总是来自集体，但在这样一个社会，我们经历过的集体几乎总是有毒的、坏的，充斥着竞争性和等级制，就连那些与此做斗争的圈子也不例外。推动集体发展的始终是性和权力的竞争。

因此，男性也应该参与进来，这一点至关重要。不能把美的问题看作一个仅与女性相关的问题。美的神话是一套涉及所有人的系统：事关阶级、种族，以及对不合标准的身体的控制。

一些女人和另一些女人站在一起？

那么，我们应该如何对待别的女性？是不是应该尽量友善，不

---

[1] N. Wolf, *Il mito della bellezza* cit., p. 324.

要把我们对她们的看法与美挂钩？是不是应该尽量自信，哪怕我们感到恐惧？是不是应该说出她们美或是不美？

鲁皮·考尔（Rupi Kaur）写道："我想对被我冠以美丽之名的所有女人道歉／这个词出现在聪明或者勇敢之前／我很抱歉，我的话听起来就像是在说／你与生俱来的东西／就是你值得骄傲的一切了。"[1]

我们应该告诉其他女性，她们富有创造力和个人兴趣，我们欣赏她们的投入和努力，她们对我们是一种激励，这非常重要。我们不应该把美置于判断的中心，就像我在读埃米莉·拉塔伊科夫斯基的书之前对她所做的那样，就像她对黛米·摩尔所做的那样。但是，如果我们从她们身上感知到的美与符合范式无关，而与她们传达给我们的感觉有关，是否仍要避免说出她们是美的？在我看来，最重要的是拒绝客体化，不把身体当作一种为了被观看而存在的东西，不根据外表评判一个人。

勒妮·恩格尔恩认为，当我们只赞美女孩的外表时，就好像是在说她们的其余部分不那么重要，或者我们根本没有看到她们其余的部分。[2] 对我来说，区别恰恰就在那个"只"字上。

我仍然会告诉女儿她很美，因为我在她身上看到的东西与标准无关，我看到的是她所传达的能量，是她本身，是她的光和她的个人力量。在这层意义上，美仍然是一个秘密，是一个谜，是一种颠覆一切范式的东西。当我看着我的女儿时，我从她身上看到了那种

---

1 R. Kaur, *Milk and honey. Parole d'amore, di dolore, di perdita e di rinascita*, Tre60, Milano 2017.
2 R. Engeln, *Beauty mania* cit., p. 460.

绝对的美，这种美仍然是人类的基本滋养品。

同样地，我们没必要因为喜欢美和感到美而感到羞耻，只因为害怕受到指责，或者被看作虚荣、傲慢、不切实际的人。也没必要说自己身体的坏话，只因为其他女人都这么做，每个女人都有各自的不完美之处。我们应该敢于说出，有些时刻我们希望自己的身体被观察。拉塔伊科夫斯基在她书中的许多段落都坦白了这一点，这也是几乎所有人在生活中、在性关系或者其他关系中都会经历的事。一切与身体的感觉、欲望、愉悦、对美的追求有关的东西都不应该被审查，而应该被揭示，以此讲述人类经验的复杂性和无尽的切面。

因此，夺回对"美"的解释权、重新赋予它意义非常重要。美的神话掠夺了一种理想，使其为市场法则服务。我们应该夺回那个理想，恢复它那种崇高的、无法解释的感觉，重构历史上被人类称为"美"的那个谜。它既是一个神秘的概念，也是一个政治事实。

个人即政治

"个人即政治"的说法来自卡罗尔·哈尼施（Carol Hanisch）写于1969年的一篇文章。这位活动家卷入了美国左翼的一场辩论。这场辩论中出现了一种趋势，即认为"治疗性的"或者"个人化的"东西不如真正"政治性的"东西重要。起因是在那些年里，逐渐形成了一些自我意识团体，女性在这类团体中要面对她们的个人问题,还要回答一些问题,类似"你愿意生女孩、男孩还是不生孩子?""如果你的男人挣的比你多或者比你少,你们的关系会怎么样?"然而这类团体都不被看作政治实践,而是为一种没什么价值的发泄提供了一个出口。

哈尼施却不这么看,他宣称这些集会具有政治性质,因为它们允许女性分享各自的经验,并共同思考生活中的核心议题。哈尼施在他的文章中写道:

> 在这些小组中,我们首先发现的是,个人问题就是政治问题。现在还没有个人的解决方案。只有集体行动,它指向的解决方案也是集体性的……原原本本说出每件事,说出我对自己生活的真实想法,而不是说那些一直被要求说的事,这就是一种政治行动。[1]

由于这些小组的存在,女性得以从自我责备中解放出来,她们还发现:

> 关于我们女人的坏话,要么是神话(女人是愚蠢的),是女人用于个人斗争的策略(女人是坏的),要么就是我们想带到新社会,同时希望男性也能有的东西(女人是敏感的、情绪

---

[1] C. Hanisch, *The Personal is Political*, in *Notes from the Second Year: Women's Liberation*, Women's Liberation Movement Print Culture, New York 1970, pp. 76-78.

化的)。女人作为受压迫的一方,其行为是出于需要(在男人面前表现得很愚蠢),而不是出于选择。[1]

然而,个人具有政治性质也有前提条件:只有当个人被他人分享、不惧怕关系的脆弱性、能创造人与人之间的关联来摧毁美的神话所具备的破坏之力、对相异性保持开放态度的时候,这句话才成立。正因为如此,我们今天仍然需要见面、交谈、分享我们的故事,不是分享社交媒体上的个人档案,而是在集体层面上分享。当表演性社会使我们越来越孤立,越来越封闭在各自经验和身份的有限空间里时,这样做可以消解此负面趋势。

要实现这一切,就必须培养一种欲望,它不应被市场社会的动态所困,不应与消费提供的满足感相连,而是对最根本快乐的欲望,是对美的追求。

美是关联

美是人类必不可少的滋养品,它是对相异性和关联的体验。因为世界上的一切都处于关联中,而关联是事物的本质:人与人之间、人与世界之间、人与思想之间。

---

[1] C. Hanisch, *The Personal is Political*, in *Notes from the Second Year: Women's Liberation*, Women's Liberation Movement Print Culture, New York 1970, pp. 76-78.

作为个体，我们可以把自己从各种限制条件中解放出来，获得一个积极的自我形象。但如果个人路径从未向集体层面开放，它就仍然是自恋的、不完整的。我们已经说过，当个人被分享的时候，也就是说，当个人与他人接触，并重新开始感知到世界是个充满奇迹的地方时，个人就有了政治性。

卡洛·罗韦利（Carlo Rovelli）说，从物理学角度来看，对现实的最佳描述是相互作用的一连串事件。单个的实体只是这张网中的一个短暂节点：每一样事物都只是其他事物反射出来的东西，"事物之间的相互联系、它们彼此间的映射，闪耀着明亮的光"；每个人都只不过是"网中网"中一个单一、简单的涟漪。[1]基娅拉·瓦莱里奥（Chiara Valerio）在谈到数学的时候也有类似的说法。她解释说："它不是一门关于物体的科学，而是关于物体之间关系的科学，就像语法是研究词语之间关系的科学一样。"[2]

美作为人类的一种张力，也不是一个单纯的客观事实，而是一种可以让存在拥有意义的关系。只有凭借进入关系的自由，生命才能显露其深刻的意义。从这个意义上讲，美是参与一种超越我们自身的东西，是欲望，与符合某种标准的要求无关。问题就在于此：随着资产阶级社会的发展，美的概念出现了意义上的迁移，从一个谜变成了一套需要去适应的标准。然而，如果我们能摆脱恐惧和羞耻，它的秘密就仍在我们眼前。

---

1 C. Rovelli, *Helgoland*, Adelphi, Milano 2020.

2 C. Valerio, *La matematica è politica*, Einaudi, Torino 2020, pp. 10-11.

就这个问题，西蒙娜·韦伊写道："美是斯芬克斯，是一个谜，一个以令人痛苦的方式让我们恼怒的谜。"[1]美迫使我们放弃自己在想象中的中心地位，把我们从自恋中解放出来，而这种自恋是在一个过于关注自我的社会驱使下形成的。美使我们成为世界奇观的见证者。[2]

美是模棱两可的，它是对未知和意外的体验。它以这种方式逃避了消费，破坏了社会角色和性别角色。这也许可以解释，为什么整个哲学史中人们都在孜孜不倦地质疑美，却从来没有真正找到答案：答案根本不存在，存在的只是人们对某种状态的探索——美的体验所带来的恩典状态。

自我客体化是对生活的持续干扰，它减少了高峰状态和心流体验。阻止我们获得对美的真实体验，也就等于阻止了我们为所做的事赋予意义。对美的追求恰好相反，它鼓励我们培养生活体验，让我们感到自己在绽放，为我们提供追随天分的信心。

当我们能感受到心流时，美就产生了。

---

1 S. Weil, *Attesa di Dio*, Adelphi, Milano 2008, p. 125.
2 E. Scarry, *Sulla bellezza e sull'essere giusti*, trad. it. di S. Romano, il Saggiatore, Milano 2001, pp. 103-4.

结语

这本书是对我多年来作为知识分子、知识普及者所做工作的重述。我写这本书是为了有机会学习，因为我看到大量研究成果，由于篇幅所限，只能对此略微提及。我希望这本书的读者会愿意深入研究书中涉及的一些主题，去阅读陪伴我写作的那些文本，尝试多理解我们身处的神话，并且重新为"美"这个字注入意义。

这本书是为那些愿意领会的人写的，更是为我女儿写的。我的构思源自凯特琳·西尔（Caitlyn Siehl）的诗作《这不是你的职责》（*Non è il tuo lavoro*）："当你的女儿／问你她漂不漂亮／你的心会像酒杯一样掉落／在硬木地板上／你内心有一部分想说／你当然漂亮，永远不要怀疑／而另一部分／另一部分则在／撕扯你／让你想抓住她的肩膀／直视深井／那是她的眼睛，直到它们倒映出你的眼睛／你想说／如果你不愿意漂亮，就不必漂亮／这不是你的职责。"[1]

美仍然是一项职责，西尔所说的并让我想起了1948年娜塔丽亚·金兹伯格（Natalia Ginzburg）在《墨丘利》杂志（*Mercurio*）上写下的文字：

---

[1] C. Siehl, *It is Not Your Job*, in *Literary Sexts 2: A Collection of Short & Sexy Love Poems*, Words Dance Publishing 2014.

女性有一个坏习惯，就是时不时地掉进井里，让自己陷入巨大的忧郁中，一边被它淹没，一边又急于浮上水面：这就是女性真正的麻烦所在。女性往往会为这种麻烦而感到羞耻，还会假装自己没有麻烦，假装精力充沛、自由自在，稳步走在大街上，戴着大帽子，穿着漂亮衣服，涂着口红，显出一种果决、蔑视的神色；但我从来没见过哪个女人身上完全没有痛苦和引人怜悯的东西，而这些都是男人没有的；她们始终面临一种掉进巨大暗井的危险，这种东西恰恰来自女性气质，也许来自屈从于奴役的古老传统，想要克服它并不会那么容易。[1]

该杂志的女主编、从未得到应有认可的女作家阿尔巴·德塞斯佩德斯（Alba de Céspedes）回答说：

对于井，我早就有了丰富的经验：我经常掉进井里，而且是直接掉进去，这恰恰是因为大家都相信我是个女强人，我自己在井外的时候也对此深信不疑。因此，如果我没有对你写的东西全盘照收，也别太在意。但与你不同的是，我相信这些井能成为我们的力量之源。因为我们每一次掉到井里，都等于进入人类最深的根系……当你掉进井里的时候，肯定也知道，快乐并不十分重要：重要的是当你从井里爬上来的时候，已经

---

[1] N. Ginzburg, *Discorso sulle donne*, in «Tuttestorie», 6/7, dicembre 1992. 我要感谢马里奥·德西亚蒂（Mario Desiati）在他的小说注释中引用了这段话。*Spatriati*, Einaudi, Torino 2021.

知晓了你所知的一切。[1]

这本书是为那些跟井打过交道的人而写,也是为那些知道井可以变成力量之源的人而写。他们可以从此找到勇气来讲述自己的故事,而不必再感到恐惧和羞愧。

---

[1] 这篇文章以及娜塔丽亚·金兹伯格的文章都可以在文学女性协会(Società delle Letterate)的网站上阅读。

图书在版编目（CIP）数据

服美役：美是如何奴役和消费女性的/(意)毛拉
·甘奇塔诺著；张亦非译. -- 北京：北京联合出版公
司，2024.3（2024.8重印）
ISBN 978-7-5596-7305-3

Ⅰ.①服… Ⅱ.①毛…②张… Ⅲ.①女性—生活方式—通俗读物 Ⅳ.①C913.3-49

中国国家版本馆CIP数据核字(2023)第241392号
北京市版权局著作权合同登记　图字：01-2023-4420号

Specchio delle mie brame. La prigione della bellezza
© 2022 Maura Gancitano
The Simplified Chinese edition is published in arrangement through Niu Niu Culture and S&P Literary – Agenzia letteraria Sosia & Pistoia s.r.l.

服美役：美是如何奴役和消费女性的

作　　者：[意]毛拉·甘奇塔诺	译　　者：张亦非
出 品 人：赵红仕	出版监制：辛海峰　陈　江
责任编辑：管　文	特约编辑：陈　曦
产品经理：周乔蒙	版权支持：金　涵
封面设计：尚燕平	版式设计：任尚洁

北京联合出版公司出版
（北京市西城区德外大街83号楼9层　100088）
北京联合天畅文化传播公司发行
凯德印刷（天津）有限公司印刷　新华书店经销
字数 149千字　880毫米×1230毫米　1/32　7印张
2024年3月第1版　2024年8月第4次印刷
ISBN 978-7-5596-7305-3
定价：59.80元

版权所有，侵权必究
未经书面许可，不得以任何方式转载、复制、翻印本书部分或全部内容。
如发现图书质量问题，可联系调换。质量投诉电话：010-88843286/64258472-800